如何撰写和发表SCI期刊论文

How to Write and Publish A Scientific Paper in A SCI Journal

（第二版）

(SECOND EDITION)

〔美〕金坤林（Jin, Kunlin） 著

科学出版社

北 京

图书在版编目(CIP)数据

如何撰写和发表SCI期刊论文＝How to Write and Publish A Scientific Paper in A SCI Journal/〔美〕金坤林(Jin,Kunlin)著. —2版. —北京：科学出版社,2016

ISBN 978-7-03-045760-8

Ⅰ.①如…　Ⅱ.①金…　Ⅲ.①英文-科学技术-论文-写作　Ⅳ.①H315

中国版本图书馆CIP数据核字(2015)第225187号

责任编辑:丛　楠　贺窑青 / 责任校对:郑金红

责任印制:赵　博 / 封面设计:铭轩堂

科学出版社 出版

北京东黄城根北街16号

邮政编码: 100717

http://www.sciencep.com

天津市新科印刷有限公司印刷

科学出版社发行　各地新华书店经销

*

2008年6月第　一　版　　开本:720×1000 1/16

2016年1月第　二　版　　印张:16 1/4

2025年4月第十次印刷　　字数:266 000

定价: 55.00 元

(如有印装质量问题,我社负责调换)

作者简介

金坤林（Kunlin Jin），杭州人，医学博士，现为美国北德克萨斯大学终身教授。先后被复旦大学华山医院、浙江大学医学院、上海交通大学医学院瑞金医院、首都医科大学宣武医院和温州医科大学聘为客座教授。金坤林于 1991 年毕业于北京医科大学（现北京大学医学部），获医学博士学位；1992 年赴美国，先后在美国加利福尼亚大学旧金山分校、匹兹堡大学及 Buck 老年研究院从事神经干细胞、脑卒中及神经保护机制等方面的研究；主持并参与多项美国国立卫生研究院（NIH）基金的研究，发表 SCI（科学引文索引）收录论文 167 余篇，其中 16 篇发表在《美国国家科学院院刊》（*Proc Natl Acad Sci USA*）上，发表文章的期刊还包括 *Nature*、*Nature Medicine* 和 *Nature Genetic* 等，影响因子（impact factor）在 700 以上，前 55 篇 SCI 收录论文被引用总次数达 1 万多次，单篇引用最多达 1133 次。担任 NIH 基金评委、国际联合癌症研究评委、美国阿尔茨海默病联合基金评委、中国国家自然科学基金重大项目和国家进步奖、长江学者奖励计划等评委。获专利 4 项；主编或参与编著 10 余部著作，主编著作包括《实验脑卒中》（英文版）、《神经干细胞和中枢神经系统疾病》（英文版）、《活过 100 岁月的秘密》（中文版）、《干细胞临床应用：基础、伦理和原则》（中文版）。担任 35 类 SCI 期刊的特约审稿人。于 2010 年创办了《老化与疾病》（*Aging and Disease*）SCI 期刊（www.aginganddisease.org），并任该期刊主编，2014 年 SCI 影响因子为 3.07。2013 年创办了国际老化与疾病协会（www.isoad.org）。

谨以此书纪念我的父亲

In Memory of My Father

(1923. 10—2007. 9)

第二版前言

时光飞逝，岁月如梭，转眼间，本书第一版出版已有6年之久。承蒙广大科研工作者和学生的厚爱，第一版多次被评为畅销书之一。期间，笔者收集更多收录于“科学引文索引”(Science Citation Index，SCI）期刊论文写作和发表的第一手资料，其中包括笔者于2010年创办的被SCI收录的英文期刊《老化与疾病》（*Aging and Disease*）（www.aginganddisease.org）（负责主编、排版、制作和全球发行）的第一手资料。该期刊2014年SCI影响因子达3.07，5年影响因子达3.5。此外，《老化与疾病》期刊采用汤森路透的ScholarOne Manuscripts在线投审稿系统，即这些期刊的编辑、作者和审稿人均在使用该系统。目前，全球范围内有3800多种SCI收录的期刊采用汤森路透的在线投审稿系统。因此，笔者感到有必要更新内容，再版本书，以飨读者。第二版在内容上对第一版的每一章都作了修改、补充或更新，特别是在广度和深度方面有了较大的改进，并增加了许多实例。希望再版的新书，在内容上更趋完善，以不负广大读者的期待。为国内广大的科研工作者和学生提供一个比较准确、系统并有实用意义的撰写和发表收录于SCI期刊论文的书是本书第一版的宗旨，也是第二版的指南。

金坤林

2015年7月8日

美国沃思堡（Fort Worth，Texas，USA)

第一版前言

随着科学研究日益全球化，越来越多的科研人员期望能在 SCI（Science Citation Index，科学引文索引）收录的期刊上发表论文，借此展示自己的研究成果与研究能力，并达到与国际同行交流与切磋的目的。能否在高影响因子的 SCI 期刊上发表论文，也是评价一个国家、研究群体或个人科学技术研究水平的客观指标。如果因为论文书写不规范，妨碍了优秀的创新研究成果的发表，而不能得到国际同行专家的认可，不能不说是一种遗憾。许多初涉科学领域的科研人员和研究生缺乏这方面的训练，未能很好地掌握撰写科技论文的要领，影响了他们把自己的研究成果发表在相应水平 SCI 期刊。因此，怎样撰写 SCI 论文、怎样写出高质量的 SCI 论文一直是科研人员关心而又困惑的问题。

人们往往以为 SCI 论文写作的最大障碍在于缺乏驾驭英语的能力。其实发表 SCI 论文的关键不在于英语语法。一篇论文的接收与否，关键在于审稿人对你论文的科学性和原创性的评价。而怎样叙述论文的科学性和原创性，重点在于作者如何按照严密的逻辑思维过程来组织语言，有效地表达他们的科学研究发现及意义。语法错误易改，而逻辑性叙述，不仅对于初涉科学殿堂的研究生，即便是富有研究经验的学者，也非易如反掌。我审过一些国内同行的论文。发现有些论文书写条理不清晰、层次不分明，这样很难让编辑和读者理解你的研究思路和学术观点。杂乱无章的写作可能导致审稿人和编辑对作者研究能力的怀疑，从而使得科学工作者确有创新的研究成果得不到认同。

本书的目的是希望帮助中国从事自然科学和生命科学的工作者（特别是研究生和青年科研工作者）了解和掌握 SCI 论文的写作原则和技

巧，提高他们的论文在 SCI 期刊的录用率。本书从实用的角度出发，列举大量实例，并结合中国学者撰写 SCI 论文时常发生的错误和作者自己的写作经验，从如何构思到论文完成后如何投稿以及投稿后如何修改等方面作了详细阐述。特别强调要重视 SCI 论文的题目、摘要、图表和结论。尽管本书力求全面和详尽，然而，由于各 SCI 期刊都有其具体要求，因此，要确定在递交你的论文之前通读作者指南，按照预投 SCI 期刊的要求进行正确的格式化。但愿通过和大家分享我对 SCI 论文写作的理解和经验，大家会少走一些弯路。相信本书对许许多多亟须认识和掌握 SCI 论文写作的中国学者有较多的帮助。

金坤林
2008 年 3 月 8 日
美国旧金山

目　录

第 1 章

什么是 SCI 期刊*

随着科学研究日益全球化，目前在国际科学界，如何正确评价科学研究成果已引起越来越广泛的关注。SCI 是 Science Citation Index（科学引文索引）的缩写。因此，确切地说，不应该称其为“SCI 期刊”，因为它是一个科学引文检索模式，但为了叙述简洁，以下统称为“SCI 期刊”。SCI 是从文献之间的引证关系上，揭示科学文献之间的内在联系。通过引文的统计与分析，可以从一个重要侧面揭示学科研究与发展的基本走向、评价科学研究质量，为人文社会科学事业发展与研究提供第一手资料。因此，SCI 既是一部文献检索工具，又是一种科研评价依据。被 SCI 收录的科技论文数量的多少，被看成是衡量一个国家科学研究水平、科技实力和科技论文水平高低的重要评价指标。所以，科技论文被 SCI 收录和引用是评价其国际学术地位、基础科学研究水平、科技创新实力和科技论文质量的国际通用依据。被 SCI 期刊收录的学术论文常称为“SCI 论文”。

1. SCI

SCI 是美国 Eugene Garfield 博士创建的美国科技信息研究所（Institute for Scientific Information，ISI）于 1960 年编辑出版的 SCI 数据

---

* 本章节内容主要来自 http://www.thomsonscientific.com

Eugene Garfield 博士

库。1992 年 ISI 归属于汤姆森科学和医药健康公司（Thomson Scientific & Healthcare），并改名为汤姆森美国科技信息研究所（Thomson ISI）。后来这个分公司在 2006 年又分为 Thomson Scientific 和 Thomson Healthcare 两个子公司。现属于汤森路透（Thomson Reuters）旗下。详情可见该集团网站（http://thomsonreuters.com）。至于现在的汤森路透则成立于 2008 年 4 月 17 日，是由 Thomson 公司与英国路透集团（Reuters Group PLC）合并组成的商务和专业智能信息提供商。

SCI 作为一部检索工具，与其他检索工具通过主题或分类途径检索文献的常规做法不同，设置了独特的"引文索引"（citation index）概念。它通过早期的文献被当前文献的引用，来说明文献之间的相关性及早期文献对当前文献的影响，并跟踪其发表后被引用的情况，反映了文献之间的相互引证和科学研究之间的内在联系。而文献之间的相互引证反映了科学研究的贡献与影响，因此，SCI 有别于《化学文摘》（*Chemical Abstract*，CA）、《生物学文摘》（*Biological Abstract*，BA）、"工程索引"（Engineering Index，EI）、《科学文摘》（*Scientific Abstract*，SA）等。

通过检索 SCI 可以获得如下信息：

（1）相关论文是否被引用过？

（2）论文的主要内容是什么？

（3）相关课题的综述及最新进展和延伸？

（4）某理论有没有得到进一步的证实？

（5）某方法有没有得到改进？

（6）某概念是什么？是由谁提出来的？

（7）某问题有没有进一步勘误和修正？

（8）还有谁在从事这方面的研究？

（9）某研究机构或大学最近发表了哪些文章？

（10）某理论或概念有没有应用到新的领域中去？

（11）相关研究人员发表过哪些论文？

因此，SCI是一种国际公认的并被广泛使用的科学引文索引数据库和科技文献检索工具。SCI数据库已经成为当代世界最重要的大型数据库，被列在国际著名检索系统之首。此外，由于其独特性，SCI又成为科研水平评估的一种依据。

ISI通过严格的选刊标准和评估程序挑选刊源，虽然每年略有增减，但能做到使SCI收录的文献覆盖世界上最重要的和最有影响力的研究成果。SCI选录期刊的依据是文献分析法，即Eugene Garfield博士提出的科学引文分析法。该分析法以期刊论文被引用频次作为评价指标，被引频次越高，则该期刊影响越大。Eugene Garfield博士认为，期刊的覆盖面实际上是一个经济学的实例，一个无用文献条目的索引与一个有用文献条目的索引成本是一样的，这样，对每个覆盖面的讨论就转换为商业的讨论。高质量的索引必须严格限制它的收录范围，尽可能地只收录那些可能对用户有用的信息。基于这种理解，Eugene Garfield博士着手建立了ISI和期刊选择程序。ISI的选择程序包括4个主要方面，即考查期刊出版标准、编辑内容、国际多样性和引文分析。不能说这4个主要方面孰重孰轻，因为对期刊的每一项评价都有它的作用和侧重面。ISI对全球的自然科学刊物进行考察，凡影响因子大于某一临界值的刊物，均可以进入SCI系统。

SCI的记录包括论文与引文，其引文记录所涉及的范围十分广泛，包括书籍、期刊论文、会议论文、专利和其他各种类型的文献，所涵盖的学科超过100个，收录全世界出版的数学、物理、化学、农业、林业、医学、生物、环境、材料、工程技术、行为科学等自然科学领域的核心期刊。经过50多年的发展完善，已从开始时单一的印刷刊物型发展成为功能强大的电子化、集成化、网络化的大型多学科、综合性检索系统。

SCI根据期刊来源种类划分为SCI核心期刊和SCI扩散版（SCI expanded，SCI-E）。SCI是指来源刊为3700多种的SCI印刷版和SCI光盘版（SCI compact disc edition，SCI-CDE）。SCI-E收录了8658多种来源期刊，可通过网络进行检索。1997年汤姆森美国科技信息研究所推出了SCI的网络版数据库——Web of Science（WoS）检索系统。该检索系统中的SCI-E，其信息资料更加翔实、收录期刊更多，同时该检索系统充分利用网络的优势，检索功能更加强大、更新更加及时。Web of Science的网站为http://scientific.thomson.com/products/wos。中国科学技术信息研究所公布的《2014年度中国科技论文统计结果》显示，中国国际论文被引频次排名世界第4。2004～2014年（截至2014年9月），中国科技人员共发表国际论文136.98万篇，排名世界第2，比2013年统计时增加了19.8%；论文共被引用1037.01万次，排名世界第4。我国平均每篇论文被引用7.57次，比2012年统计时的6.92次提高了9.4%。中国有16篇学科论文被引频次进入世界前10位，其中化学、计算机科学、工程技术、材料科学、数学等5个领域论文的被引频次排名世界第2，农业科学和物理学排名世界第3，被引频次排名进入世界前5位的还有环境与生态学、地学、药学与毒物学。中国科技期刊在国际学术界的地位表现为期刊数、总论文数和总被引用数等规模指标比较靠前，但影响因子、平均被引频次等质量指标较美国、英国、德国等发达国家还有明显差距。

要查找SCI收录期刊（按学科分类）见网站http://www.thomsonscientific.com/cgi-bin/jrnlst/jloptions.cgi?PC=K。

要查找SCI-E收录期刊（按学科分类）见网站http://www.thomsonscientific.com/cgi-bin/jrnlst/jloptions.cgi?PC=D。

2. 选刊过程

1）选刊

ISI每两周从数据库中增加或删除期刊，每年ISI编辑部评审近2000种新期刊，所评估的期刊中只有10%～12%被选用，退回率达88%。此外，每年尚有150～200种已入选的期刊被中途淘汰，ISI数据库的现有期刊也在不断筛选更新。每种期刊在决定取舍前均经过严格评审，评审委员会的委员由7位汤森路透社内编辑组成。评审时，他们经常需要咨询某特殊领域的学科专家，以确保选刊的公正性与权威性。计量指标根据质量与数量排列，包括期刊的覆盖率、期刊的基本出版标准、编辑的内容、期刊作者的国际化程度及涉及的引文数据。这些因素绝不会被独立考虑，根据相互关联的各因素，ISI的编辑就可评价一种期刊的优劣。

Web of Science的选刊标准与过程：

➢ 期刊出版标准：

- 出版的时效性。
- 国际编辑惯例。

- 英语的文献书目信息（题名、作者信息、摘要、关键词、参考文献、基金项目等）。
- 同行评议。

➢ 编辑的内容：

- 数据库中是否需要这个新的期刊？
- 这本期刊是否提供了一些新的内容？
- 有关领域的研究在数据库中是否已经很好地覆盖或收录？

➢ 国际性与区域代表性：

- 国际性。
  - 这本期刊的作者、编辑及顾问团成员的组成是否具有国际性？
  - 这本期刊的读者群体是否具有国际性？
- 区域代表性。
  - 除选择具有国际代表性的期刊外，考虑到各学科的平衡，汤森路透也会去甄别那些具有区域代表性的期刊。
- 区域性扩展。
  - 所有期刊必须满足基本的期刊出版标准。
  - 区域性期刊的内容大都聚焦于具有区域特色的研究主题。
  - 共评估 10 000 多种區域性期刊，其中 1600 种最终被收录。

➢ 引文分析：

- 专家利用引文分析数据帮助挑选出非常重要、非常具有影响力，同时也是非常有用的出版物。利用引文分析数据来评估使用情况。
- 新期刊。
  - 期刊的作者及顾问团成员发表的文章是否被引用过。
- 未收录的期刊。
  - 利用 Web of Science 了解其被引用情况。

2010～2011 年有 624 种期刊被拒绝的主要原因：

- 没有定期出版，发表文章数量太少，占 13%；
- 低引用率，占 72%；
- 编辑内容缺乏重点，占 47%；
- 格式问题：期刊/通讯，占 25%。

2012 年新增中国学者创办的 SCI 期刊：

- *Journal of Ocean University of China*
- *Chinese Journal of Natural Medicines*
- *Chinese Journal of International Politics*
- *Nano-Micro Letters*
- *Journal of Diabetes*
- *Frontiers of Earth Science*
- *Protein & Cell*

2013 年新增中国学者创办的 SCI 期刊：

- *Journal of Thoracic Disease*
- *Chinese Medicine*
- *Journal of Forestry Research*
- *Light：Science & Applications*
- *Petroleum Exploration and Development*

2014 年新增中国学者创办的 SCI 期刊：

- *Journal of Sport and Health Science*
- *Frontiers of Materials Science*
- *Chinese Journal of Cancer*
- *Emerging Microbes & Infections*

Web of Science 只收录最重要的学术期刊。

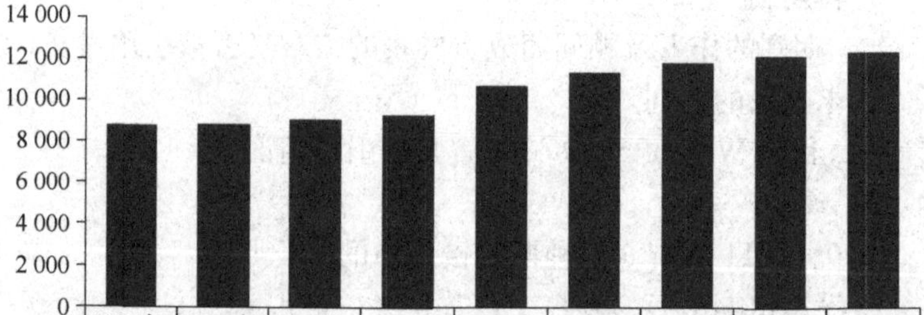

	2004年	2005年	2006年	2007年	2008年	2009年	2010年	2011年	2012年
■ 期刊数量	8 815	8 834	9 069	9 311	10 743	11 372	11 825	12 196	12 347
增长率		0.2%	3%	91%	15%	6%	4%	3%	1%

2004～2012 年 Web of Science 收录的 SCI 期刊

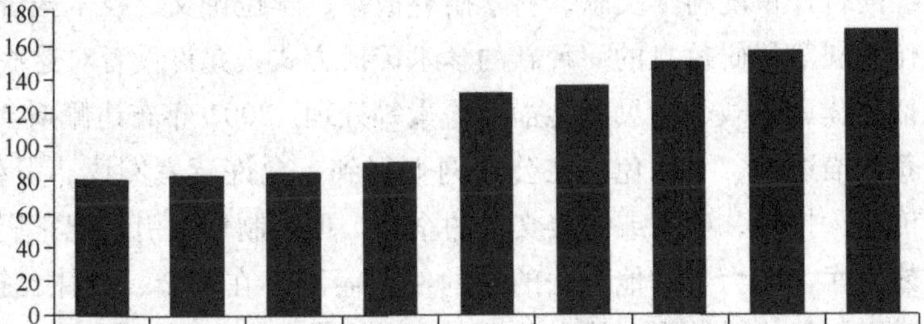

	2004年	2005年	2006年	2007年	2008年	2009年	2010年	2011年	2012年
■ 中国期刊数量	81	83	85	91	132	136	150	157	169
增长率		2%	2%	7%	45%	3%	10%	5%	8%

2004~2012 年 Web of Science 收录的中国 SCI 期刊

2）淘汰

ISI 对每一学科期刊的评审两年进行一次。对个别期刊，ISI 通过定期通报出版周期延迟，提醒被评审者。ISI 会联络出版人检查期刊出版情况。某些期刊的读者群会因为出版时间不准时而不再引用该期刊，而使其影响因子降低。被淘汰期刊申请复议一般在审评后 12～18 周后被考虑，从被淘汰期刊中重新筛选出 SCI 期刊源还需 3 年时间。

3）引文分析

引文分析就是利用各种数学及统计学的逻辑方法进行比较、归纳、抽象、概括等，对科学期刊、论文、著者等分析对象的引用和被引用现象进行分析，以揭示其数量特征和内在规律的一种信息计量研究方法。

ISI 的评审过程是相对独立的，编辑要处理大量引文数据。评审过程并不过分强调对引文数据的理解，因为准确计量各学科与分支学科期刊量、作者量、引文条目数量与比率的工作量极大。ISI 使用的引文资料包括引文率、影响因子、即时指标等。对新期刊 ISI 要检查期刊作者与编委会成员的出版记录。ISI 摘引的文献来自 8000 种核心期刊，最具代表性。

4）现刊目录

现刊目录数据库评选标准与 SCI 相似，虽然引文量比 SCI 少，但其覆盖率相当可观。

5）开放获取期刊

开放获取（open access，OA）期刊，是指人们自由获取公众网上经同行评审的科学文献、科学研究成果、学位论文、技术报告、科研工作进展等科研信息的一种新的学术传播方式，允许读者对这些文献作包括阅读、下载、拷贝、传播、检索等处理。2001年布达佩斯会议将开放获取描述为：可以免费在公共网上得到，允许读者阅读、下载、复制、传播、打印、检索或链接文章的全文，可以制作索引，把它们作为软件数据库，或为了其他合法的目的使用而不存在资金、法律、技术障碍。对复制与传播的唯一约束就是，应确保作者有权利控制他们成果的完整性并使成果得到认可与引用。

作者可以通过两种方式提供开放获取：①通过将他们的期刊文章自存档存入开放信息库，也称为“绿色”OA；②在开放获取期刊上发表，称为“金色”OA。通过“绿色”OA，作者在任何期刊发表文章之后，在他们的机构知识库、中央知识库（如公共医学中心）或其他开放获取网站中自存档该文章的一个允许免费公开使用的版本。通过“金色”OA，作者在开放获取期刊上发表文章，这些期刊会直接对他们所有的文章提供开放获取，通常会在出版社的网站上。混合型开放获取期刊是指仅为个别付开放获取版面费的作者（或作者的机构或资助者）的文章提供“金色”OA的订阅型刊物。

虽然OA模式有时会被质疑论文水平下降，但是根据ISI研究，开放获取期刊和非开放获取期刊的影响力并无本质区别。著名的开放获取期刊 *PLoS Biology* 在生物学领域非常有影响力，其影响因子达到13.9。

Steve Lawrence博士分析了标准学科书目中引用的近12万次计算机科学文献结果显示，在高影响力或引用率的文献中，OA期刊文献所占比例相当高，以1997～1998年为例，被高度引用的文献中就有85%是OA期刊的，而且该关联的强度与日俱增。

根据美国研究图书馆学会（Association of Research Libraries）的调查，1986～2002年，美国的研究图书馆期刊经费增加了227%，但是订购的期刊种数却只增加了9%，购买图书的种数则下降了5%。由此可预见，面对期刊订购费用的高涨，即使图书馆经费维持目前的年平均增长，未来也难以继续维持研究所需资源，图书馆供应学术研究的资源将相对减少，这势必影响教学与研究的质量。呼应开放取用的精神，目前正在积极推进开放获取期刊（Open Access Journal，OAJ）及机构典藏（Institutional Repository）机制。

开放获取期刊去除了价格与使用的限制，让研究成果更容易被使用，因此能够加快学科发展。开放获取期刊的服务兼顾了作者的权益与所有潜在读者的利益。开放获取期刊因网络的发展而崭露头角，并带来了史无前例的公众利益，即同行评估的期刊文献可在线免费取用。开放获取期刊的传播方式可以扩大读者群、扩大知识的分享范围，以及促进研究的进行。开放获取期刊的典藏与期刊文献都是实用且合法的。目前在世界各地的实施都证明了开放获取期刊可以超越传统的订购导向的期刊而服务于整个科学及学术领域。

开放获取期刊目录见 https://doaj.org。

3. 如何推荐期刊

ISI经常进行用户调查和市场研究。如果给ISI推荐期刊作评选，可以与编辑发展部门（Editorial Development Department）联系（传真：215-386-6362；电子信箱：journals@isinet.com），并提供期刊的全称、ISSN号码、主编的姓名和地址，以及期刊的出版者。如果可能，将最新 期期刊寄去，随后的2期或3期一旦出版也马上寄去。同时附一封短信，说明这个期刊的独特之处，以及它与其他期刊的不同之处。将期刊样本寄到：

Publication Processing Department,
Institute for Scientific Information,
3501 Market Street,
Philadelphia,
PA 19104, USA

目前比较方便的方法是网上提交。

打开网址 http://ip-science.thomsonreuters.com/info/jrneval-status，根据内容填表格，然后提交。

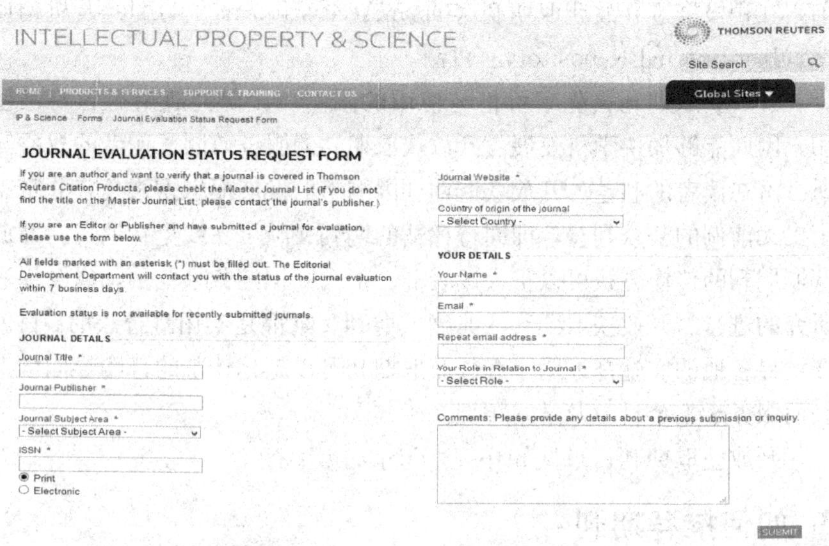
INTELLECTUAL PROPERTY & SCIENCE

THOMSON REUTERS

Site Search

HOME | PRODUCTS & SERVICES | SUPPORT & TRAINING | CONTACT US

Global Sites

IP & Science · Forms · Journal Evaluation Status Request Form

JOURNAL EVALUATION STATUS REQUEST FORM

If you are an author and want to verify that a journal is covered in Thomson Reuters Citation Products, please check the Master Journal List (If you do not find the title on the Master Journal List, please contact the journal's publisher.)

If you are an Editor or Publisher and have submitted a journal for evaluation, please use the form below.

All fields marked with an asterisk (*) must be filled out. The Editorial Development Department will contact you with the status of the journal evaluation within 7 business days.

Evaluation status is not available for recently submitted journals.

JOURNAL DETAILS

Journal Title *

Journal Publisher *

Journal Subject Area *

- Select Subject Area -

ISSN *

Print

Electronic

Journal Website *

Country of origin of the journal

- Select Country -

YOUR DETAILS

Your Name *

Email *

Repeat email address *

Your Role in Relation to Journal *

- Select Role -

Comments: Please provide any details about a previous submission or inquiry.

SUBMIT

期刊评价状态请求表单示意图

SCI 期刊评估基本标准：

- 期刊出版同行审查内容；
- 期刊上有 ISSN 注册；
- 期刊内容包括标题、摘要、关键字、引用文献。

4. SSCI 简介

SSCI 是 Social Sciences Citation Index（社会科学引文索引）的缩写。SSCI 创刊于 1956 年。是 ISI 从 50 多个领域的 3300 余种重要的国际性期刊中，通过计算机检索文章主题和引文后，建立的综合性社会科学文献数据库，此目录再经 ISI 编委会审核，选择与社会科学密切相关的文献加入 SSCI。内容涉及经济、法律、管理、心理学、区域研究、社会学、信息科学等 50 个领域。收录文献类型包括研究论文、书评、专题讨论、社论、人物自传和书信等。因此，SSCI 是目前世界上可以用来对不同国家和地区的社会科学论文的数量进行统计分析的大型检索工具。当然，SSCI 收录期刊有一部分内容与 SCI 重复。SSCI 查询网址为 http://ip-science.thomsonreuters.com/cgi-bin/jrnlst/jloptions.cgi?PC=SS。中国南京大学已经建立了“中文社会科学引文索引”(CSS-

CI)，成为中国社会科学主要文献信息统计查询与评价的重要工具。其数据库已向社会开展服务，详情可登录南京大学中国社会科学研究评价中心网站（http://cssrac. nju. edu. cn）查询。

5. ISTP 简介

ISTP 是 Index to Scientific & Technical Proceedings（科技会议录索引）的缩写，是美国科学情报研究所网络数据库（Web of Science Proceedings）中的两个数据库（ISTP 和 ISSHP）之一，创刊于 1978 年。该索引收录了生命科学、物理与化学科学、农业、生物和环境科学、工程技术和应用科学等学科的会议文献，包括一般性会议、座谈会、研究会、讨论会、发表会等的会议文献。其中工程技术与应用科学类文献约占收录总文献的 35%，其他涉及学科基本与 SCI 相同。ISTP 收录论文的多少与科技人员参加的重要国际学术会议多少或提交、发表论文的多少有关。

6. ISR 简介

ISR 是 Index to Scientific Reviews（科学评论索引）的缩写。创刊于 1974 年，由 ISI 编辑出版，现在属于 Thomson Scientific 公司。收录世界各国 2700 余种科技期刊及 300 余种专著、丛刊中有价值的评述论文。高质量的评述文章能够提供某学科或某个领域的研究发展概况、研究热点、主攻方向等重要信息，是极为珍贵的参考资料。

7. 其他

PCI 是 Patent Citation Index（专利引用索引）的缩写，收录发明专利。据研究分析，在生物医学、化学、电子通信等许多领域，专利引用的 60%的参考文献是非专利文献，这说明很多新的发明创造是靠基础研究来推动的。艺术与人文引文索引（Arts & Humanities Citation Index，A&HCI）收录与艺术、人文学科有关的期刊目录。

上述检索系统中，SCI 最能反映基础学科研究水平和论文质量，该检索系统收录的科技期刊比较全面，可以说它是集中各个学科高质量优秀论文的精粹，该检索系统历来成为世界科技界密切注视的中心和焦点。因本书主要探讨有关生命科学论文的写作，所以以 SCI 期刊作为重点研究对象。

第 2 章

SCI 期刊影响因子*

1. 什么是 SCI 期刊影响因子

SCI 期刊影响因子（impact factor，IF）是指某一期刊的文章在特定年份或时期被引用的频次，是衡量一个学术期刊影响力的重要指标和学术刊物地位的主要因素，由 Eugene Garfield 博士在 20 世纪 60 年代创立。它是建立在 SCI 基础上的一种统计结果。1998 年，Eugene Garfield 博士在 *The Scientists* 期刊中叙述了影响因子的产生过程，说明他最初提出影响因子的目的是为 Current Contents 评估和挑选期刊。目前所说的影响因子一般是指从 1975 年开始使用的影响因子。ISI 编辑出版了《期刊引用报道》（*Journal Citation Reports*，JCR）。JCR 对包括 SCI 收录的 3500 种期刊在内的期刊之间的引用和被引用数据进行了统计、运算，并针对每种期刊定义的影响因子等指数加以报道。

由于影响因子是一个相对统计量，所以可以公平地评价和处理各类期刊。通常期刊的影响因子越大、相对来说它的学术影响和作用也越大、学术水平也越高，可以用来评估同一研究领域不同期刊的相对重要性。一种期刊的影响因子，是指该期刊前 2 年发表的论文在当年平均被引用的次数占该期刊前 2 年发表论文总数的比率。影响因子是以年为单

---

* 本章节内容主要来自 http://www.thomsonscientific.com

位进行计算的。期刊影响因子的计算方法为：

影响因子＝该期刊前 2 年发表论文在统计当年被引用的总次数÷该期刊前 2 年发表论文总数（示例 2-1）

示例 2-1

影响因子（2007 年）＝$A \div B$

式中，A 为该期刊 2005～2006 年发表的论文在 2007 年中被引用的总次数；B 为该期刊 2005～2006 年所有发表的论文总数。

例如，2007 年 *Nature Genetics* 影响因子的计算如下所述。

2005 年发表的论文在 2006 年被引用的次数＝5789（次）

2006 年发表的论文在 2007 年被引用的次数＝4193（次）

2005 年发表的论文数＝203（篇）

2006 年发表的论文数＝210（篇）

该期刊 2007 年的影响因子＝（5789＋4193）÷（203＋210）＝24.17（次/篇）

因此，2007 年 *Nature Genetics* 的影响因子为 24.17，表明该期刊在过去 2 年发表的论文在 2007 年平均收到 24 条引文。

2014 年 *Aging and Disease* 的影响因子为 3.07。计算方法见示例 2-2。

示例 2-2

Journal Impact Factor

Cites in 2014 to items published in:	2013 =85	Number of items published in:	2013 =35
	2012 =133		2012 =36
	Sum: 218		Sum: 71

Calculation: Cites to recent items / Number of recent items = 218 / 71 = **3.070**

JCR 最近推出了另一种影响因子，即 5 年影响因子（5 year impact factor，IF5）。5 年影响因子的分子是前 5 年发表的论文在评价当年被引用的次数，分母是前 5 年发表的论文总数。原来的影响因子计算依据是“前 2 年发表的论文数”，有人认为 2 年统计期使影响因子在出版周期不同的刊物和引证行为各异的学科间的可比性受到制约，以 5 年计算也许更合理。目前这两个影响因子并用。以下是 *Aging and Disease* 5 年影响因子的计算，为 3.538（示例 2-3）。

示例 2-3

5-Year Journal Impact Factor

Cites in {2014} to items published in:	2013 =85	Number of items published in:	2013 =35
	2012 =133		2012 =36
	2011 =168		2011 =41
	2010 =74		2010 =18
	2009 =0		2009 =0
	Sum: 460		Sum: 130

Calculation: $\frac{\text{Cites to recent items}}{\text{Number of recent items}} = \frac{460}{130} = 3.538$

引文分析总是有上下文关系的，这意味着影响因子或被引频次只有在与编辑内容相似的期刊相比时才有意义。*Nature Genetics* 归属于遗传学（Genetics & Heredity）类。2000 年，JCI 数据库中这类期刊共有 111 种，它们的影响因子从 *Human Genome News* 的 0.076 至 *Nature Genetics* 的 24.17。

在评价新的期刊时，由于其没有引文历史，ISI 用引文数据根据该期刊中的主要作者或编委会成员以前发表在其他期刊上的论文被引用的记录来确定：该期刊是否能吸引那些论文被引用，以及经常被引用的作者？这些作者本身是否在某个特定的研究领域具有影响力？

SCI 期刊的影响因子是一个动态指标，每年的影响因子不是一成不变的，有时其数值的差异较大。如前所述，这与期刊前两年编辑的论文数量和统计的当年引用数量息息相关，是期刊无法操作和掌控的。对具体的某篇论文而言，是没有影响因子的，单篇论文只能以被引频次来评价。注意：只有在 Web of Science 和（或）Current Contents 上标引达 3 年以上的期刊才会被收录到 JCI 数据库中。

2. ISI 常用的其他期刊评估指标

评价期刊的标准，除了影响因子外，ISI 还采用下面几个常用的评估指标，定量分析期刊的排名、比较、分类等。

1）及时指数

及时指数（immidiatly index）用来计算某一期刊的论文在该年度被引用的速度。越早刊登出版的论文，越有机会在当年被引用，其立即引用率也就越高。立即引用率与各期刊出刊是否延迟、出刊资料是否陈旧有密切关系，一般而言，当年出刊的论文在当年被引用的机会似乎不太高。

及时指数＝该期刊发表的论文当年被引用的总次数÷该期刊当年发表的论文总数（示例 2-4）

示例 2-4

及时指数（2005 年）$=A \div B$

式中，A 为 2005 年发表的论文在 2005 年被引用的次数；B 为 2005 年发表的论文数。

2）被引用半衰期

被引用半衰期（cited half life）用来计算某一期刊所刊登的论文平均经过多长时间，仍然还会被引用。计算方法是从当年往前累计，当被引用的论文篇数达到全部论文篇数的 50％时，该篇论文的出版年到当年的间隔年数即为该期刊的被引用半衰期。半衰期的值越低，被引用作为参考文献的时效性越高（示例 2-5）。

示例 2-5　1996 年 *Science* 期刊的被引用半衰期

1996 年被引用次数	5 297	24 108	25 170	23 762	20 697	17 637	…	221 696
累积百分比/％	2.38	13.29	24.65	35.37	44.70	52.66		
年数	1	2	3	4	5	6		

被引用半衰期＝5（累积百分比接近 50％的年数）＋（50－44.7）/（52.66－44.7）＝5.6（年）

3）引用半衰期

引用半衰期（citing half life）用来计算某一期刊平均引用多久以前的论文。计算方法是从当年往前累计，当引用的论文篇数达到全部论文篇数的 50%时，该篇论文的出版年到当年的间隔年数即为该期刊的引用半衰期。若 10 年内引用的次数未达 50%，其引用半衰期值以大于 10.0 表示，但该期刊必须引用其他论文数量到 100 次以上才列入，否则以空白表示。引用半衰期的值越低，表示该期刊所引用的参考文献时效性越高。

因此，JCR 可以在期刊层面衡量某项研究的影响力，显示引用期刊和被引期刊之间的相互关系。JCR 可计量的统计数据提供了一种系统客观测定某主题类目中大量期刊相对重要性的方法。通过 JCR，你可得知：

(1) 哪些是最有影响力的期刊?

(2) 哪些是最常用的期刊?

(3) 哪些是最热门的期刊?

(4) 哪些期刊出版量最大?

(5) 哪些期刊最常被引用?

(6) 某期刊影响因子的高低?

(7) 哪些期刊的“立即引用率”最高?

(8) 某期刊引用及被引用的情形?

(9) 收录期刊的详细出版信息。

3. 期刊影响因子查找

如何查询一个英文期刊是否被 ISI 的 SCI 收录? 它的影响因子是多少? 如何查询它的学科分类和排名?

方法一

JCR 是检索国外科技期刊影响因子的重要工具。缺点是需要订购才能进入 JCR 数据库。JCR 数据库中只能查到少量中国期刊的影响因子，这是因为 SCI 数据库收录的中国期刊很少。

第一步：登录 Web of Knowledge 主页，点击网址 http://isiknowledge.com 或 http://webofknowledge.com。

第二步：选择期刊引证报告【Journal Citation Reports】。

第三步：选择【Search for a Specific Journal】，点击提交【SUBMIT】即可以查找当年期刊的影响因子等指标（示例 2-6）。

示例 2-6

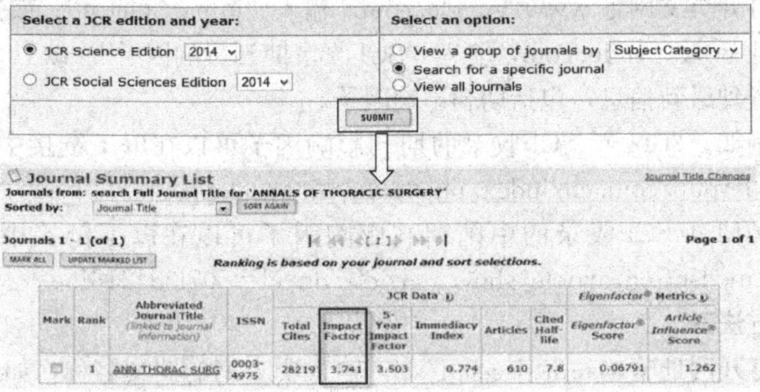

第四步：点击该刊物超链接，获得期刊分类【Subject Categories】等更详细的信息，点击【Journal Rank in Categories】进一步了解排名。

第五步：获得期刊在某个学科分类中的排名。

例如，2014 年，*Aging and Disease* 在 Geriatrics & Gerontology 50 个期刊中排名第 19（示例 2-7）。

示例 2-7

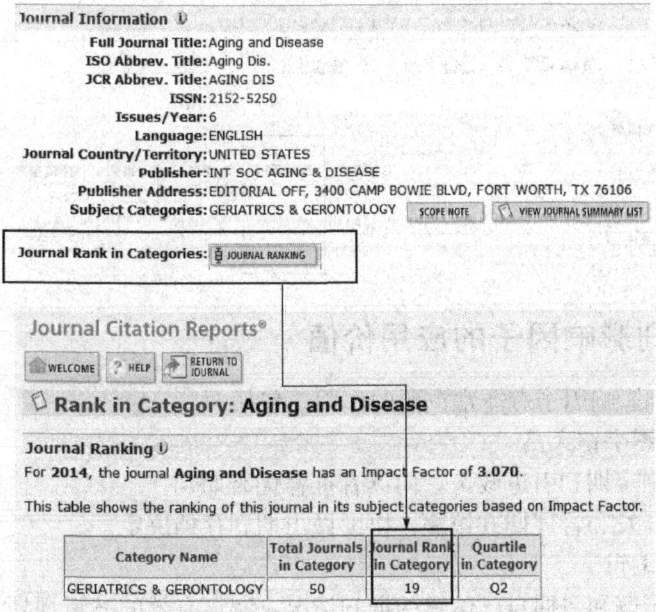

方法二

打开英文网址 www. google. com，输入“impact factor”；或打开中文网址 www. baidu. com，输入“SCI 收录期刊影响因子”。缺点是不能及时查到最新信息，包括期刊影响因子。

例如，2014 年 SCI 收录的期刊影响因子可以在以下链接中查到：www. letpub. com. cn/index. php?page=journalapp。

2013 年 SCI 收录的中国期刊影响因子可以在以下链接中查到：www. medsci. cn/article/show _ article. do?id=507f384216f。

方法三

打开网址 www. medsci. cn/sci，输入要查询的期刊名称，如“*Aging and Disease*”，提交（示例 2-8）。

示例 2-8

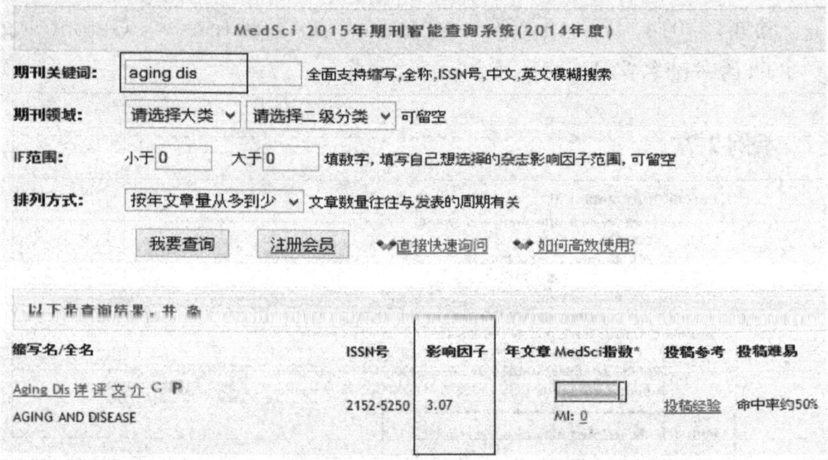

4. 期刊影响因子的应用价值

期刊影响因子有非常重要的作用，包括：

1）图书馆人员

➤ 制定期刊引进政策，向读者推荐优秀期刊。

➤ 开发和管理期刊馆藏，协助做出期刊存档决定。

2）编辑

➤ 了解和掌握自己编辑的期刊情况，制订有效的编辑规划和目标。

3）出版商

➢ 测定期刊的市场影响力。

4）论文作者

➢ 寻找和确定与自己专业有关的期刊。

➢ 寻找最恰当、最有影响的期刊发表其文章。

➢ 确认期刊的学术地位。

5）信息研究分析人员

➢ 跟踪文献计量学的发展趋势。

➢ 学习研究引文模式。

➢ 研究学术论文生产的学问。

➢ 研究专业学科的发展变化趋势。

5. 期刊影响因子的局限性

ISI 公布了 1994～2004 年所有领域期刊被引用次数的排行榜。其中，以发表生物医学领域论文为主的 *Journal of Biological Chemistry* 被引用数高达 174 万余次，居首位；综合类期刊 *Proc Natl Acad Sci USA* 以引用 133 万余次排名第二；英国的 *Nature* 期刊与美国的 *Science* 期刊则分别以引用 119 万余次和 117 万余次位居第三名、第四名。基础生物医学领域与临床医学领域最具盛名的两大期刊——*Cell* 和 *New Engl J Med* 则分别位列第 6 与第 10。11 年间这两种期刊均仅仅发表了 4000 多篇文章，虽然其在论文发表总数上远远低于其他期刊，但在“引用总数”中位居前 10 名，这充分说明 *Cell* 和 *New Engl J Med* 的单篇论文引用率相当惊人。

期刊的影响因子与期刊的质量和论文的水平是相关的，期刊的影响因子高，表明期刊被引用得多，它在该学科中的影响大，期刊上发表的论文总体水平高。因此，影响力以论文被引用频率来衡量。被引频次已被科学界公认为是衡量特定研究价值的最为客观公正的方法。1961～1971 年，SCI 一般作者平均被引用频次约为 50 次，而同期诺贝尔奖获得者的平均被引用频率为 222 次，并且 SCI 中某学科被引用次数最多的论文作者获该学科诺贝尔奖的情形也多次发生。但简单地认为影响因子高，其期刊质量就高、其论文水平就高，显得有一定的局限，因为：

（1）学科的差异导致期刊影响因子的大小相差数十倍。某一种科学期刊的总体水平只能针对其自身学科领域，因为影响因子和总引用数在学科之间都没有可比性。例如，物理、生化研究方面的任何发现，都会被国际同行重视和引证，研究论文被上百次引用的情况并不鲜见。而地质学、植物学等，因为研究对象有很强的地域性，研究论文很少被同行引用，而这与文章的实际学术水平并没有本质的联系。因此，刊物的影响因子大小只能在相同学科范围内的期刊之间比较。

（2）影响因子是一种统计学上的概念，是大量论文产生的结果。因此，影响因子用于评价期刊的整体水平是可行的。而评价一篇科技论文的学术水平，应该采用定性和定量相结合的方法。定量指标不仅要看期刊的影响因子，还要看该论文的被引用频次。两者互为补充，就能更客观、公正和科学地评价论文的学术水平。高水平的论文不仅具有原创性，还具有影响力，必须对他人的研究有所帮助，并由此推动科学发展。

（3）期刊的发行间隔、每期收录的论文篇数各有不同。每期收录论文篇数较多的期刊可能因为较容易获得引用频次，而在统计总引用次数上具有优势。

（4）漏引和文献作者引用的不规范，如"转引"（对自己没有亲自查阅过的文献从别人论文的引文中加以引用）、"崇引"（为装点门面，盲目搬用"权威名著"，或故意使用一些时髦的术语名词）、不恰当的"自引"（著者引用自己的文献表明研究工作的连续性，但有的著者喜欢引用自己已经发表的与著文主题关联不大或毫不相关的文章，以此扩大自己的学术影响）等。

可见，虽然期刊影响因子是期刊评估的非常有用的工具，但有一定的局限性，必须正确对待。

6. 期刊评价新指标——特征因子

Thomson Reuters 科技集团于 2009 年 1 月 22 日宣布推出《期刊引用报告》增强版，其中除增加了 5 年期的影响因子外，还增加了重要的计量指标——特征因子（Eigenfactor metrics），包括 Eigenfactor 分值（Eigenfactor score）和论文影响分值（article influence score）。Eigenfactor 是 2009 年以来最受关注的期刊评价新指标。

Eigenfactor 的原理：首先随机选择一份期刊，然后随机通过该期刊中的一篇参考文献链接到另外一份期刊，然后在这份期刊中又随机选取一篇参考文献再链接到下一份期刊，依次类推。

Eigenfactor 分值：测度过去 5 年中期刊发表的论文在 JCR（统计）年被引用情况。如同影响因子，Eigenfactor 分值实质上为引证次数与论文总数的比值。Eigenfactor 分值与影响因子的不同之处在于：①对期刊引证的统计包括自然科学和社会科学；②扣除了期刊自引；③基于研究人员阅读期刊时间的随机测度来衡量每条文献。2014 年 *Aging and Disease* 的 Eigenfactor 分值为 0.00202。

论文影响分值旨在基于每篇论文来测度期刊的相对重要性。其计算方式为：特征因子分值除以期刊所发表的论文标准化比值（所有期刊的论文总数为 1）。论文影响分值的平均值为 1.00，大于 1.00 表明期刊中每篇论文的影响力均高于平均水平，小于 1.00 则表明期刊中每篇论文的影响力均低于平均水平。

7. H-index

H-index，又称为 h 指数或 h 因子（h-factor），以作者被引频次最多的论文集，以及作者论文在其他研究人员发表论文中的被引频次为基础。H-index 可用于衡量机构中的科学家个人或团体科学家的生产力和影响。

H-index 最初是由美国加州大学圣地亚哥分校（University of California，San Diego）的 Jorge Hirsch 博士在 2005 年提出来，并发表在 *Proc Natl Acad Sci USA* [2005,102(46):16569-16572]。其目的是量化科研人员作为独立个体的研究成果。*h* 代表"高引用次数"(high citation)。H-index 能够比较准确地反映一个人的学术成就。一个人的 H-index 越高，表明他的论文影响力越大。一名科研人员的 H-index 是指他至多有 *h* 篇论文分别被引用了至少 *h* 次。例如，某人的 H-index 是 15，这表示他已发表的论文中，每篇被引用了至少 15 次的论文总共有 15 篇。

H-index 计算：将科学家某个时段（或者全部）的论文，按被引次数从高往低排，然后每篇论文得到一个序号，将每篇论文的序号和被引用次数进行比较，找到序号 *h*，使得这一篇论文的序号 *h* 小于或等于它的被引次数，而下一篇论文（序号为 $h+1$）的序号大于它的被引用次数。

但是，H-index 对科学家论文集（科学家迄今为止发表的全部论文，这些全部论文代表了这位科学家的学术声誉）中的被大量引用的某一篇或几篇论文并不敏感。而且，H-index 在很大程度上依赖于科学家的学术生涯时间，这也就意味着 H-index 对从事学术生涯时间大致相同的科学家之间才具有比较意义。

一般在美国要晋升为正教授，H-index 至少为 17。

如何用 Web of Science 获得 H-index?

- 进入 http://isiknowledge. com/isip。
- 找到【Author Finder】链接，点击。
- 根据提示输入某个学者的相关信息，注意选择单位时，尽量将该学者的所有曾经工作的单位都选中。
- 最后点击【Finish Now】，就会得到一个包含该学者所有文章的页面（也可能含有其他人的文章）。
- 在右上角有一个【Create Citation Record】的链接，点击即可获得相关信息，包括被引用次数总和（Sum of the Times Cited）、平均每篇文章引用次数（Average Citations per Item）和 H-index，并且可以去掉它引。

H-index 非常有用，因为它减少了高被引用论文或尚未被引用的论文不作为权重。在示例 2-9 中的 H-index 为 47，因为有 47 篇至少被引用了 47 次。

示例 2-9

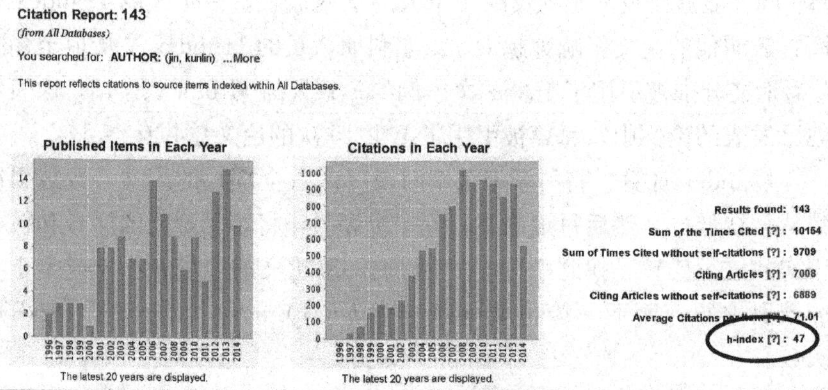

H-index 用绿色水平线表示。此线上方的论文数，即 h，表示至少有 h 次被引用。

8. h5 指数

最新的谷歌学术指标（Google scholar metric）已经推出，并开始冲击影响因子的地位。谷歌学术指标基于所谓的 h5 指数，即某一出版物在过去 5 年发表的文章之中，至少有 h5 篇文章每篇引用不低于 h5 次。例如，排名最高的 *Nature*，2010～2014 年 h5 指数为 377，表明这一期间 *Nature* 共有 377 篇文章引用数不低于 377 次。此外，谷歌学术指标还统计 h5 中位数，是指出版物的 h5 指数所涵盖的所有文章获得的引用次数的中位值。例如，*Nature* 的 h5 中位数为 529 次，显示其进入 h5 指数统计的 377 篇文章中，排名第 189 位的文章引用数为 529 次。

根据截至 2014 年 6 月中旬谷歌学术搜索中论文的引用情况，谷歌发布了 2014 年版学术计量结果。其统计数据涵盖了 2009～2013 年出版的所有文章。以下是 2014 年谷歌学术指标“英文热门出版物”榜的前 10 名。

（1）《自然》。

（2）《新英格兰医学杂志》。

（3）《科学》。

（4）《柳叶刀》。

（5）《细胞》。

（6）《美国国家科学院院刊》。

（7）《临床肿瘤学杂志》。

（8）《化学评论》。

（9）《物理评论快报》。

（10）《美国化学学会期刊》。

谷歌学术搜索（Google Scholar）根据 h5 指数和指数 h5 中位数大小罗列了期刊的前 100 位。以下是 2014 年谷歌学术指标“英文热门出版物”榜的前 50 名。

期刊	h5 指数	h5 中位数
1. *Nature*	377	529
2. *The New England Journal of Medicine*	328	520
3. *Science*	316	446
4. *The Lancet*	258	415
5. *Cell*	216	330
6. *Proceedings of the National Academy of Sciences*	216	280
7. *Journal of Clinical Oncology*	202	296
8. *Journal of the American Chemical Society*	199	263
9. *Chemical Reviews*	196	351
10. *Chemical Society Reviews*	194	282
11. *Physical Review Letters*	194	271
12. *Advanced Materials*	190	262
13. *The Journal of the American Medical Association* (JAMA)	184	277
14. *Circulation*	182	278
15. *Nature Genetics*	182	268
16. *Nano Letters*	181	257
17. *Angewandte Chemie International Edition*	181	243
18. *Nucleic Acids Research*	172	296
19. *ACS Nano*	170	255
20. *Cosmology and Extragalactic Astrophysics* (astro-ph. CO)	166	233
21. *Journal of the American College of Cardiology*	163	244
22. *NBER Working Papers*	163	233
23. *Nature Materials*	162	259
24. *High Energy Physics-Phenomenology* (hep-ph)	162	236
25. *PLoS ONE*	161	210
26. *The Astrophysical Journal*	155	202
27. *Nature Medicine*	153	228
28. *Blood*	152	202
29. *Mesoscale and Nanoscale Physics* (cond-mat. mes-hall)	148	204
30. *High Energy Physics-Experiment* (hep-ex)	146	221
31. *Materials Science* (cond-mat. mtrl-sci)	145	225

续表

期刊	h5 指数	h5 中位数
32. *British Medical Journal*	143	191
33. *Nature Biotechnology*	141	221
34. *Energy & Environmental Science*	141	191
35. *Nature Nanotechnology*	140	218
36. *Journal of High Energy Physics*	140	208
37. *The Cochrane Database of Systematic Reviews*	140	207
38. *Neuron*	139	198
39. *Gastroenterology*	138	190
40. *Cancer Research*	138	179
41. *Physical Review D*	138	178
42. *The Lancet Oncology*	137	228
43. *Nature Photonics*	133	201
44. *The Journal of Clinical Investigation*	133	180
45. *Nature Reviews Cancer*	131	250
46. *Nature Reviews Genetics*	131	232
47. *Nature Physics*	131	183
48. *Physical Review B*	131	172
49. *Quantum Physics*（quant-ph）	130	186
50. *Chemical Communications*（ChemComm）	130	169

9. 如何查看某篇文献被引用的次数，以及都被哪些论文所引用

方法一

在 SCI 文献检索页面 www.isiknowledge.com 点击左侧【Web of Science】，进入论文检索页面。以页面中【Basic Search】为例，通过标题、作者、年份、作者单位等查询或组合查询。

第一步：在 Web of Science 数据库首页选择【Basic Search】，打开【Web of Science Core Collection】的界面。

第二步：选择【Basic Search】。Basic Search 可供检索的字段有主题、作者、来源期刊名称、著者地址。先选择检索字段，然后在相应的

检索框内输入检索词进行检索。检索词可采用布尔逻辑算符和位置算符连接，也可使用通配符“*”和“?”以扩大检索范围。如果同时在多个检索框中输入检索词进行检索，各检索框之间由布尔逻辑算符“and”自动进行组合。

第三步：根据要检索论文所属的学科、发表的年份，限定检索的数据库和时间范围。可供选择的数据库有 SCIE、SSCI、A&HCI。时间范围可以限定在某一年（如 2003 年）或某一年到某一年（如 1998～2003 年）、最近一周、最近两周、最近一个月（示例 2-10）。

示例 2-10

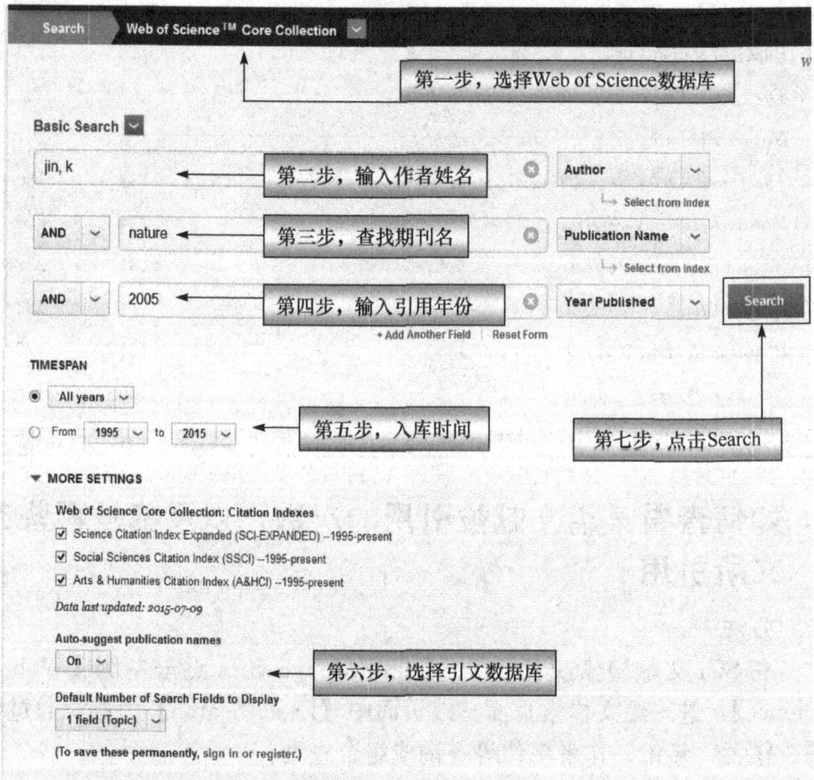

第四步：点击【Search】进行检索，结果见示例 2-11。

示例 2-11

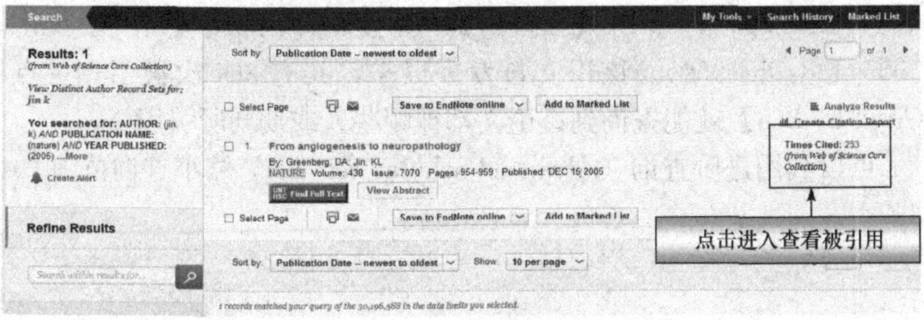

当需要准确检索某篇论文的被引用次数时，请选择引文检索的方式，在检索时需要输入第一作者姓名和其他相关信息，这样检索的结果比较全面。如果选择非第一作者查询，也可以看到相关的引用信息，但那些失误引用的情况则无法获得。作为一个完备的检索，可能还需要考虑年代信息出错甚至作者姓名写错的情况等。

方法二

打开 http://scholar.google.com 网页，输入文献的题目或作者姓名，然后点击【Search】。可以查询某篇文献被引用的次数。点击【Cited by】，可以查询该篇文献都被哪些论文引用。

例如，输入作者姓名，如 Jin Kunlin，然后点击【Search】，就发现该作者所著论文被引用的次数。第一篇论文自 2001 年发表以来，被引用次数为 1135。点击【Cited by 1135】就能查询到该论文都被哪些人或期刊所引用（示例 2-12）。

示例 2-12

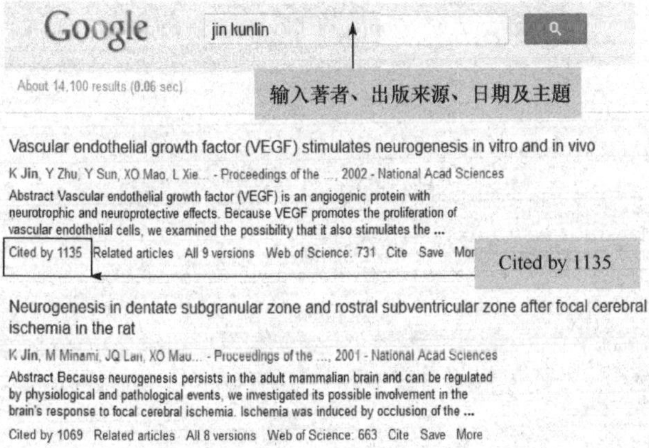

例如，输入文献的题目，如输入文章题目“From Angiogenesis to Neuropathology”，点击【Search】。就发现该论文发表在 *Nature* (2005,438:954-959)。该论文自发表以来，共有 364 次被引用。点击【Cited by 364】就能查询到该论文都被哪些人或期刊所引用。

可以利用进阶查询（advanced scholar search），缩小查询范围。

第 3 章

SCI 论文的基本要求

美国生物学编辑协会把科技论文定义为：一篇能被接受的原始科学出版物必须是首次披露，并提供足够的资料，使同行能够评定所观察到资料的价值、重复实验结果、评价整个研究过程的学术水平；此外，它必须易于人们的感官接受、本质上持久、不加限制地为科学界所使用，并能为一种或多种公认的二级情报源（如化学文摘等）所选用。中国国家标准 GB7713—87 所指的学术论文是："某一学术课题在实验性、理论性或观测性上具有新的科学研究成果或创新见解和知识的科学记录；或是某种已知原理应用于实际中取得新进展的科学总结。"目前中国科技论文被 SCI 期刊接受率仍然很低。不少人认为是由于语言障碍或对 SCI 期刊的评审机制不太了解所致。当然有这方面的因素，但关键问题还在于中国科技论文的学术水平。事实上，很多 SCI 期刊的编辑和审稿人（Reviewers）是能够理解英语为非母语国家作者所投寄稿件中存在的诸多语法和修辞上的毛病，但是，只要句意能够表达清楚，编辑对文章的定夺还是看其论文的学术水平。因语言问题而退回论文的情况非常少。大多数情况下还是由于内容不够创新，也就是科学的创造性价值没有达到你所投 SCI 期刊的标准。就如 *Science* 期刊资深编辑（Senior editor），Guy Riddihough 博士所说的："中国学者的投稿没有被接受，关键不是语言，而在于成果的创造性上。"

因此，科学研究工作中的选题显得非常重要。课题研究的目标也就是课题最后要达到的具体目的，要解决哪些具体问题。Albert Einstein

博士曾经说过："提出一个问题往往比解决一个问题更重要。因为解决问题，也许仅是一个数学上或实验上的技能而已。而提出新的问题、新的可能性，从新的角度看旧问题，都需要创造性的想象力，而且标志着科学的真正进步。"

1. SCI论文的特点

1）学术性

SCI论文不同于教材，也不同于读书笔记，是一种学术性的文章。学术是指系统和专门的学问，有较深厚的实践基础和一定的理论体系的知识。科技论文学术性是指一篇科技论文应具备一定的学术价值（理论价值）。运用科学的原理和方法，通过思考分析或实验，作出判断，最后得出新的见解或结论。这种新的见解或结论，可以是推翻旧的理论，也可以是用新的观点将一些分散的材料系统贯串起来，经过提炼、加工，从理论上进行符合逻辑的论证与分析或做出说明。因此，学术性是科技论文最基本的特征。

2）创造性

SCI论文是对科研工作的文字性总结，强调创造性，即原创性和创新性。原创性不等同于创新性，创新性可以是别人研究的延续，而原创性意味着一个新事物、新领域、新问题的开创。科学研究的目的就在于创造，因此衡量SCI论文价值的根本标准就在于它的创造性。

3）规范性

SCI论文必须按一定格式和要求进行规范写作。例如，SCI论文的参考文献著录应规范，文字表达应规范，语言和技术细节应采用国际法定的名词术语、数字、符号、计量单位等。SCI论文要求准确、简明、通顺、条理清楚。

4）科学性和准确性

科学性是SCI论文同一般议论文及一切非科技文体的基本区别。科学性主要包括两个方面：一方面是指论文的内容是科学技术研究的成果；另一方面是指论文表达形式要结构严谨、思维符合逻辑规律、材料真实、方法准确可靠、观点正确无误。准确性主要是指SCI论文的实验过程、实验结果具有可重复性。

2. SCI 论文的基本要求

1）先进性

SCI 论文的先进性或创新性是指文章要有新意，内容要“新”。文章是否有新意是衡量 SCI 论文价值的重要标准之一。创新性是科技论文同其他科技文章的基本区别。研究工作最根本的特点就是要有创造性。我们在继承和运用已有科学成就的基础上，有所发现、有所发明、有所创造、有所前进。在科学理论或技术领域里有“新”的添加、新的贡献。先进性可体现在以下几个方面。

➢ 理论方面的创新见解，如某些理论方面的独创见解和这些见解的依据。
➢ 应用方面的创新技术等，如新发明、新技术、新产品、新设备或揭示原有技术移植到新的科学领域中的效果。
➢ 研究方法方面的创新性，如研究方法方面的改进或突破。

如何做到创新？首先，要多方查阅和尽量掌握足够丰富的有关信息资料。要了解别人在这一领域研究的基本情况，熟悉他人在这方面的研究工作，这样才不会在别人已经研究很多、很成熟的情况下，盲目重复，而会在别人研究的基础上，从事更高层次、更有价值的研究。同时，要注意防止孤陋寡闻、道听途说、挂一漏万等现象发生。其次，要掌握与课题相关的基础理论知识。理论基础扎实，研究工作才能有一个坚实的基础。否则，就很难将研究深入下去，很难有真正的发明创造。

要注意科研创新应该建立在国际研究已达水平和程度的基础上，是国际上创新而不是国内创新。否则，很难发表高水平的 SCI 论文。当然要记住立题时的最新，不等于结题时的最新。有时候否定自己很难。

因此，进行科学研究时，一定要多方面收集资料，要加强理论学习，这样制定出的课题才能更科学、更完善。写 SCI 论文时，才能更有把握。

2）可行性

选题的可行性，是指能够充分发挥作者的综合条件、可以胜任并能如期完成科学论文的把握程度。

影响选题的可行性包括以下几个因素。

➢ 科学原理上是可行的，绝不能违犯自然规律和科学原理。
➢ 主观条件，包括作者知识素质结构、研究能力、技术水平及特长和兴趣等。

➢ 客观条件，包括实验条件、经费、资料、时间、设备等。

一般选题不宜过大，涉及的知识面不宜过广。应慎重选择自己能力和精力能达到的课题。选题切忌好高骛远、脱离实际。例如，人类为何老化？什么时候开始老化？人类老化的特殊标志是什么？这些都是当代生命科学和医学界之谜。如果你能解决或回答这些问题，你的论文将刊登在顶极SCI期刊。如果你选了这些重大课题，要明确你是否能在预订的时间内完成。但选题也不应过低，否则影响主、客观条件的正常发挥，降低了SCI论文的水平。

3）重要性

撰写科学论文的目的是为了交流及应用。因此，一般来说，发表在*Science*、*Nature*和*Cell*等顶尖SCI期刊的科学论文与发表在普通SCI期刊的科学论文的不同在于：前者解决或回答了一个非常重要的问题，即该研究在科学领域中具有深远影响或有重大的经济效益、社会效益；而后者则解决或回答了一个普通的问题。因此，科学研究和技术研究选题的首要原则是：为什么要研究？有什么实际作用？其理论和学术价值、历史和现实的意义又是什么？

4）科学性

SCI论文的基本观点和内容能够反映事物发展的客观规律。所选的课题必须属于科学的范畴，是客观存在的，而不是虚构的。因此，SCI论文写作的具体内容应该是取材客观真实、主题揭示本质。判断一篇论文有无价值或价值的大小，首先，文章的观点和内容的科学性如何；其次，文章是否具有科学性；再次，作者的理论基础和专业知识。写作SCI论文是在前人成就的基础上，运用前人提出的科学理论去探索新的问题。因此，必须准确地理解和掌握前人的理论，具有广博而坚实的知识基础。如果对SCI论文所涉及领域中的科学成果一无所知，那就很难写出有价值的SCI论文。

一般来说，SCI论文都要从以上4个方面来考虑，力求保持一丝不苟的科学态度和求真务实的科学作风。

3. 选题的基本方法

科技论文选题是确定研究方向、明确要解决的主要问题。选题要从实际出发，选择那些有价值、能促进科学技术发展或需要迫切解决的有重大效益的课题。科研论文是否能够在 SCI 期刊上发表和能够在什么样的 SCI 期刊上发表，在很大程度上取决于课题的重要性。

4. 选题方向

1）选择亟待解决的重要问题

各个自然学科领域之中，都有一些亟待解决的重要问题。有的是关系国计民生的重大问题，有的是该学科发展中的关键问题，有的是当前迫切需要解决的问题。选题一定要避免盲目性。

2）选择处于前沿位置的课题，与国际接轨

凡是科学上的新发现、新发明和新创造，都有重大科学价值，必将对科学技术发展起推动作用。因此，选题要敢于创新，选择那些在本学科发展中处于前沿位置并有重大科学价值的课题。想在 SCI 期刊发表论文，就必须了解国际研究动态，选择与国际学术研究接轨的课题。由于多方面因素的影响，中国科学研究选题与国际先进水平还有一定距离，虽然许多课题是国内领先，但还达不到国际领先水平，很可能是别人以前做过的工作，许多论文重复了已经发表的内容。

5. 研究课题选择的途径

1）从科学文献资料中选题

收集研究科技资料或信息是从事科学研究和技术创新的不可缺少的手段，是 SCI 论文选题的重要来源。通过阅读最新 SCI 文献资料，可以了解当前科学研究的进展情况，弄清目前的研究现状和要解决的问题等；可以开拓思路、激发灵感，启迪自己去寻找新的发现，从而挖掘提炼出好的 SCI 论文主题，可以对收集的已有的知识进行归纳、分析，从已经知道的研究结论中作进一步展开和挖掘，从而发现许多“空白点”。在现代科学技术中，出现了一些边缘学科和交叉学科等新的科学领域，为人们提供了新的知识和理论。借鉴很多领域外的和学科交叉的知识，从而产生新的思路（new idea）。

一般来说，SCI 期刊影响因子在 3 以下的文章可能只做了一部分机理（制）研究，肯定有不足或不全面之处。关键是要思考，去发现。把别人的文章认真精读了，总会发现漏洞和不足或不全面之处。注意：

- 想想别人这篇文章是怎么做的？
- 明白他为什么要做这个？

➢ 该文章解决了什么问题？引出了什么问题？

➢ 看完实验结果，再思考有什么地方不完善？有没有深入或拓展到底？

2）在科研过程中选题

科研的过程中，有时会出现理论与实践发生矛盾的现象或问题，达不到预期结果或科研结果与开题时的预测不一致。如果能够细心观察、及时发现，可以在这些偶然中发现新问题，获得新的选题。善于抓住科研过程中遇到的难以解释的问题，往往会成为思维的闪光点。

3）在实践与新技术应用中选题

随着知识与经验的积累，总可以在实践中找到研究的课题。例如，在临床工作中会经常遇到许多需要解决的实际应用问题或理论问题，对此，只要从本学科实际出发，用心思考，会从中产生很多好的主题。其中包括探讨发病机制与预后情况、分析临床症状与表现、研究诊断方法和治疗方法、疾病的多因素分析等。

总之，选题切忌杂，力求专。要选出具有学术价值和技术水平的课题，还得靠自己平时不断地学习、不断地吸收新的知识，牢固树立创新的思想意识。任何成果的取得都是理论与实践相结合的结果，是知识和经验不断积累的结果，是以创新性的思维进行思考与研究的结果。选择那些能发挥本人业务专长和利于展开的课题，或者选择那些比较熟悉或感兴趣的课题，这样可以发挥个人优势。题目大小适中，又选准了突破口，就能获得理想的效果。

有些学者认为，一旦确立自己的专业研究方向，就要“始终不渝”，集中精力去研究，这样就有可能以特色取胜。但科学发展日新月异，一般认为，科研人员每 6～8 年需要改变科研的研究方向。

6. 试验设计的基本原则

1）对照原则

- 为研究提供可比较的对象：对照者和试验者除试验因素外，其他各种非试验因素均相同，所谓齐同可比，抵消了非试验因素的影响，保证试验的可比性。
- 用对照组来监控试验条件是否有意外变化，如在复杂的多因素中找出主要因素。例如，中药方剂中对照原则的药物筛选，用不同删减后方剂做对照，就可最终找出其中的主要药物。

设立对照的目的：①得出科学结论；②认识研究因素的本质。

2）随机原则

所谓随机就是每一个受试对象都有同等的机会被分配到任何一组中，分组的结果不受人为因素的干扰和影响。实验设计中必须遵循随机原则，这是保证各组受试对象的非处理因素均衡一致的重要手段。

· 尽量使抽取的样本能够代表总体，缩小抽样误差，减少人为因素的干扰。

· 使两组样本尽量一致，消除或缩小组间差异，使处理因素产生的效应符合实际，得出正确的实验结果。

· 只有经过随机处理的结果，数理统计的显著性才有意义。

随机≠“随便”！例如，闭着眼睛从装有很多小鼠的笼子里随意地抓小鼠，将第一批抓到的 10 只小鼠分到安慰剂组，将第二批抓到的 10 只小鼠分到甲药组，将第三批抓到的 10 只小鼠分到乙药组。这看起来是随机，但是实际上是错误的。因为，即使闭上眼睛盲目地抓小鼠，相对来说，先被抓到的小鼠活动能力和健康等状况较差，而后被抓到的小鼠状况可能相反。这样一来，3 个组之间除了药物不同以外，受试对象的个体差异仍相差悬殊，若实验结果间有差别，就没有充分的理由认为是因为它们服了不同的药物所引起的。这就是说，在进行实验分组时必须采取“随机化”措施，以消除“重要的非实验因素”对观测结果的干扰和影响。

3）重复的原则

· 实验样本必须够大，在一次实验中有充分的重复。

· 如果一批实验结果可靠，应经得起重复实验的考验。

4）均衡的原则

实验组和对照组必须遵守均衡的分组原则，在实验中，受试对象除了观察的某种被试因素不同外，其他一切条件应尽可能与对照组相同或相近，以消除非被试因素效应的影响。

7. 科学实验设计的基本步骤

科学实验设计包括以下步骤的迭代和递归（示例 3-1）。

· 观察：用传感器官去注意自然现象或实验中的种种转变，并记录下来。涉及的活动包括眼看、鼻嗅、耳闻和手的触摸。

· 解说：将从观察得的事实，加以解释。

- 预测：根据假说引申出可能的现象。
- 确认：透过进一步的观察和实验去证实预测的结果。
- 评估：根据经验和结果主观地评比或下结论。
- 发表：公布成果。发表有很多形式，如投稿或发表会等。

示例 3-1

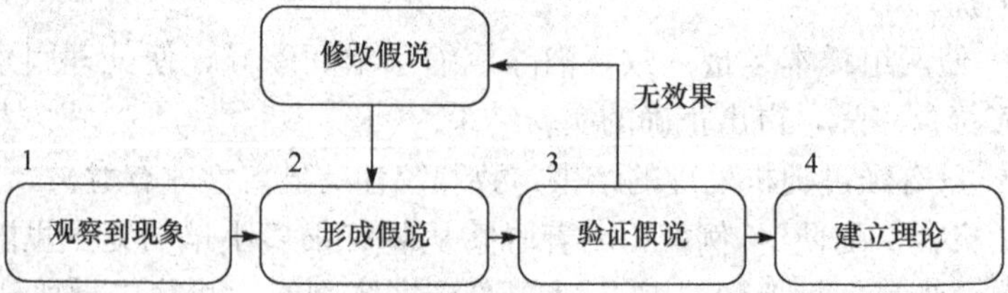

8. 研究课题选择的误区

（1）想法（idea）越多越好。

（2）一味追求革命性的、突破性的成果。

（3）数学、理论和公式越复杂越好。

（4）追求史无前例。

9. 科研设计常见错误

（1）研究的课题没有阳性和阴性对照组。

（2）缺乏随机组。

（3）缺乏双盲的研究。

（4）样本数量太少。

（5）观测指标或样本错误。

（6）错误问题。

（7）错误分析统计。

（8）缺乏一个具体假说，或过分热衷于数据采集。

（9）缺乏理论依据。

（10）没有引用国际的标准或指标进行评估。

一项好的研究设计除能保证科研质量外，还可避免少走弯路，从而保证研究数据统计分析的正确性。

10. SCI 论文的格式和整体构思

早期期刊论文多是描述性文章："First, I saw this, and then I saw that" 或者 "First, I did this, and then I did that"。现代，一般 SCI 论文的结构包括三个核心部分：引言（Introduction）、主体（Body）和讨论（Discussion）。写作的方式通常遵循一个被称为沙漏模型（Hourglass Model）的模式。但是，论文的其他部分，即标题、摘要和参考文献也有类似的重要性。扩展的 Hourglass Model 称为国王模式（King Model），因为其图案结构与国际象棋的国王相似（示例 3-2）。

示例 3-2　SCI 论文的 Hourglass Model 和 King Model

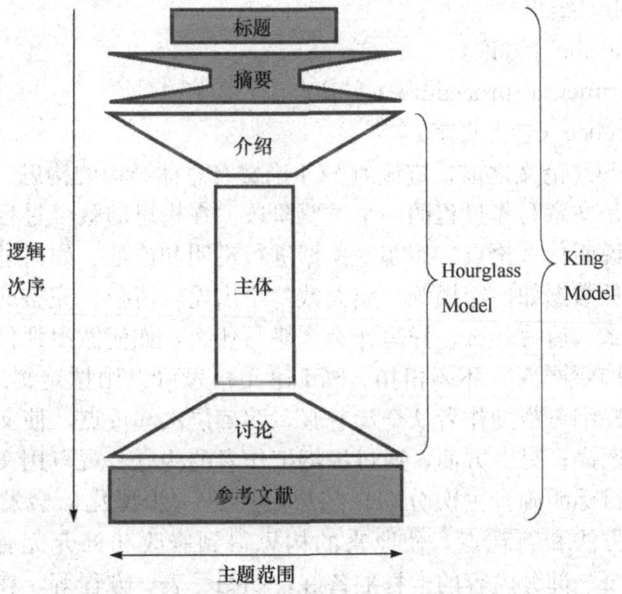

因此，一般 SCI 论文的格式为：

（1）Title（标题）；

（2）Author（作者姓名）和 Address（工作单位名称地址）；

（3）Abstract（摘要）；

（4）Introduction（引言）；

（5）Material and Method（材料和方法）；

（6）Result（结果）；

(7) Discussion（讨论）;

(8) Acknowledgement（致谢）;

(9) Reference（参考文献）。

目前，SCI 论文最常见的格式是 IMRaD 格式，也就是引言、方法、结果和讨论（Introduction，Method，Result and Discussion）的缩写。因为 IMRaD 是符合逻辑的信息流，它使读者能按照合理的思路获取具体的信息。读者会知道从稿件的哪个部分去了解某种方法或获悉某一特定结果。

有些期刊，如 *Science*、*Nature*、*Cell* 等，各有不同的格式。例如，*Cell* 为：

Introduction（引言）

Result（结果）

Discussion（讨论）

Experimental procedure（实验方法）

Reference（参考文献）

撰写 SCI 论文之前，应该对 SCI 论文有总体结构的构思。

构思是文章写作过程的一个重要阶段。在构思的整个过程中，包括拟在文中说明什么论点、用哪些论据进行说明和论证、如何进行文章的布局、各种数据如何穿插等，应大致勾绘出比较清晰、完整的轮廓。拟出先写什么、后写什么，详写什么、略写什么，如何做出评价等。论文的总体结构要严谨、环环相扣。SCI 论文构思可以用拟定提纲来体现。一方面，提纲可帮助作者从全局着眼，明确层次和重点，使文章条理清晰、结构严谨；另一方面，通过提纲把作者的构思、观点用文字固定下来，做到目标明确，主次分明，随思路的进一步深化，会发现新的问题、新的方法和新观点，使原来的构思得到修改和补充完善。写提纲时，应将每一部分内容的素材准备好，如图、表、方程等，在提纲中注明，以备写作时参考。提纲的拟写多采用标题式和提要式两种。提纲的内容可以参考示例 3-3 进行扩展。

示例 3-3　SCI 论文的格式和写作要点

SCI 论文的格式	写作要点
Abstract（摘要）	What did I do in a nutshell?（概略）
Introduction（引言）	What is the problem?（存在什么问题?）
Material and Method（材料和方法）	How did I solve the problem?（我怎么解决这个问题?）

续表

SCI 论文的格式	写作要点
Result（结果）	What did I find out?（我发现了什么?）
Discussion（讨论）	What does it mean?（我的发现意味着什么?）
Acknowledgement（致谢）	Who helped me out?（谁帮了我?）
Reference（参考文献）	Whose work did I refer to?（我参考了那些文献）
Appendice（附录）	Extra information（额外数据或资料）

SCI 论文的写作过程可以参考示例 3-4。

示例 3-4

提纲	做笔记，构思：开始生成文本，绘制成图表，勾勒出演示文稿的想法 整洁、拼写和句子结构忽略不记，记下想法 分析可能的读者，集中写作
写作	开始写最容易的部分 章节不一定按顺序写 坚持写作
修改	内容第一，然后结构，最后是风格 与同行沟通、辩论、表达清楚 同行反馈 如果需要，可以重新构思、写作
编辑	检查所有数据的准确性 审查语法和用法错误
校对	论文打印，再一次审查，因为打印件要比在计算机屏幕上阅读论文更容易发现错误

SCI 论文的写作思路可以参考如下步骤。

（1）这是一个问题（Here is a problem）。

（2）这是一个有兴趣的问题（It's an interesting problem）。

（3）这是一个尚未解决的问题（It's an unsolved problem）。

（4）这是我的想法（Here is my idea）。

（5）我们的结果［My idea works（details,data）］。

（6）我们结果的意义（Here's how my idea compares to other people's approaches）。

第 4 章

如何书写 SCI 论文的标题

SCI 论文的标题（Title）又称为“题目”、“题名”或“文题”，是该论文的重要组成部分。有的标题还包括副标题或引题。一篇 SCI 论文一般还有若干段落标题，也称为层次标题或小标题。SCI 论文的标题应该以最恰当、最简明的词语来反映论文中最重要的特定内容。必须用心斟酌选定。一般而言，写好 SCI 论文的标题还是很难的。但是实际上很多人写论文标题时，并不很重视，往往写得不准确、不恰当，从而影响整个论文的形象与质量。

1. SCI 论文标题的重要性

（1）就像我们平时看报纸先看标题一样，审稿人一般首先查看 SCI 论文的标题（和/或作者）。如果感兴趣，再看摘要。如果还有兴趣，他们看论文中的图和表，然后通读全文。因此，SCI 论文标题的好坏直接影响对论文的第一印象。

（2）论文标题是一篇论文给出的涉及论文范围与水平的第一个重要信息，有画龙点睛的作用。有人认为，SCI 论文标题是文章的一半。

（3）SCI 论文的标题是否反映 SCI 论文内容是审稿评估标准之一。

（4）SCI 论文的标题是文摘、索引或提录等情报资料的重要组成部分。目前，文献或资料的检索主要依赖于计算机网络系统。SCI 论文标题是查寻的根据。因此，如果你的标题不充分，很少有人会找到你的结果或阅读你的论文，从而影响你 SCI 论文的引用次数和交流。

2. SCI 论文标题的要求

最佳标题的标准是用最少的必要术语准确描述论文的内容。写作要求准确（accuracy）、简洁（brevity）、清楚（clarity）和吸引人（attractive），反复斟酌后确定标题。

1）准确

作为 SCI 论文的“标签”，论文标题要能准确表达论文内容，恰当反映所研究的范围和深度，应该与 SCI 论文的内容非常贴切，即题要扣文，文也要扣题，毫不含糊。这是撰写 SCI 论文的基本准则。读者和审稿人一看就知道你的论文是研究什么的，有什么发现。标题不应过于华丽或承诺太多。为确保标题的含义准确，应尽量避免使用非定量的、含义不明的词。一般而言，研究论文的标题应包含关键词描述结果。

常见错误：

➢ 论文标题太大或太小（示例 4-1）。

示例 4-1

论文标题“Transplantation of Corneal Stem Cells Cultured on Amniotic Membrane for Corneal Burn: Experimental and Clinical Study”[*Chinese Medical Journal*, 2002, 115(5): 767-769] 太大。该论文主要研究了 corneal stem cells 的体外培养和体内对兔烧伤的影响，没有临床研究。因此，写成 experimental and clinical study 不是很恰当。用“*in vitro* and *in vivo*”来替代 experimental and clinical study 更合适。

➢ 论文标题表达不准确（示例 4-2）。

示例 4-2

“Experimental Study on Mechanism and Rarity of Metastases in Skeletal Muscle” [*Chinese Medical Journal*, 2002, 115(11): 1645-1649] 这个标题就没有把研究的对象、问题说清楚。

2）简洁

论文标题要简洁，不能太长（示例 4-3）。过于繁琐会使人得不到鲜明的印象，难以记忆和引证。用词简短、明了，以最少的文字概括尽可能多的内容，即在能够准确反映、清楚表达最主要的特定内容的前提下，字数越少越好，能不要的字就尽量不要，尽可能删弃多余的词语，用词需要精选。至于多少字算是合乎要求，并无统一的“硬性”规定，一般希望一篇论文标题不要超出 100 个英文字符（characters），包括空格、标点。当然，不同的 SCI 期刊有不同的要求。例如，*Science* 期刊要求论文标题不要超出 90 个英文字符。*Journal of Biological Chemistry* 期刊要求论文标题不要超出两行。

示例 4-3

［修改前］ Preliminary Observations on the Effect of Salinity on Benthic Community Distribution within a Estuarine System，in the North Sea

［修改后］ Effect of Salinity on Benthic Distribution within the Scheldt Estuary（North Sea）

长标题分散读者的注意力。删除所有冗余的话，如“studies on”、“the nature of”等，不要用“preliminary”。

标题应该是具体的（示例 4-4）。

示例 4-4

［修改前］ Action of Antibiotics on Bacteria

［修改后］ Inhibition of Growth of *Mycobacterium tuberculosis* by Streptomycin

不能因一味追求“精选”字数而影响标题对论文内容的恰当反映。在遇到两者确有矛盾时，宁可多用几个字也要力求表达明确。若简短标题不足以显示论文内容或反映属于系列研究的性质，或在内容层次很多的情况下，最好采用主、副标题相结合的方法，来补充说明特定的实验材料、方法及内容等信息，使标题既充实准确又不流于笼统和一般化（示例 4-5）。

示例 4-5

Importance of Replication in Microarray Gene Expression Studies：Statistical Methods and Evidence from Repetitive CDNA Hybridizations［*Proc Natl Acad Sci USA*,2000,97(18):9834-9839］。其中的副标题起补充、阐明的作用。*Science* 期刊规定副标题仅限用于研究文章、评论、

特邀文章。

3）清楚

标题要清晰地反映文章的具体内容和特色，明确表明研究工作的独到之处，力求简捷有效、重点突出（示例 4-6）。为表达直接、清楚，以便引起读者的注意，应尽可能地将表达核心内容的主题词放在标题的开头。

示例 4-6

［不清楚］　Measuring a Nerve Response in a Frog

［清楚］　The Effect of Ethanol on the Action Potential of a Frog Sciatic Nerve

4）吸引人

标题应具吸引力，即要一目了然。虽然论文标题居于首先映入审稿人眼帘的醒目位置，但仍然存在标题是否醒目的问题。所用词句及其所表现的内容不同，会产生截然不同的效果。好的标题能把作者的论文在同类研究中突出出来，既概括了全文，又引人注目（示例 4-7）。

示例 4-7

"Identification of Human Brain Tumour Initiating Cells"［*Nature*, 2004, 432(7015): 396-401］这个论文标题特别醒目，一看就知道发现了脑肿瘤干细胞。因此，论文的意义也就特别重大。如果该论文标题改为"CD133+ Brain Tumour Fraction Contains Cells that are Capable of Tumour Initiation in Non-obese Diabetic Severe Combined Immunodeficient Mouse Brains"就显得太长，而且不够醒目。

但要注意分寸，不要过分醒目（示例 4-8）。

示例 4-8

"Mechanism of Ligustrazini Against Thrombosis"［*Chinese Medical Journal*, 2002, 115(11): 1645-1649］这个标题目如果是一篇综述或研究课题的名称，应该还可以。但作为论文标题，并不是很恰当，因为

"mechanism of ligustrazini against thrombosis"有许多方面或因素，包括已经知道和不知道的，一般在一篇论文很难阐述清楚。

常见错误包括省略不当和介词使用不当（示例 4-9 和示例 4-10）。

示例 4-9

[不推荐] Adhesion Kinase Controls Actin Assembly（省略不当的标题）

[推荐] Focal Adhesion Kinase Controls Actin Assembly Via a FERM-mediated Interaction with the Arp2/3 Complex（修改后）

示例 4-10

[不推荐] Mouse Behavior（省略不当的标题）

[推荐] Androgen Administration to Aged Male Mice Increases Anti-Anxiety Behavior and Enhances Cognitive Performance（修改后）

SCI 论文标题的选择与确定，除了遵循前述的方法外，标题文字的组织应做到结构合理、选词准确、详略得当、语序正确、修辞和逻辑规范，给人以美感。

3. SCI 论文标题的格式和时态

标题应位于首页顶部。当标题较长时，题头空格 4 格或 5 格，如果一行写不完，另起一行，比上一行缩进两格书写（示例 4-11)。如果有副标题，另起一行，比主标题缩进两格加破折号书写标题。当标题较短时，居中书写。标题空格两行再写作者姓名和单位。SCI 论文标题的时态为现代时。

示例 4-11

Gli1, Down-regulated in Colorectal Cancers, Inhibits Proliferation of Colon Cancer Cells Involving Wnt Signalling Activation

论文标题不能用艺术加工过的文学语言，更不能用口号式的标题。它最基本的要求是直接、能鲜明概括出文章的中心论题，以引起读者关注。标题中应慎重使用缩略语，尤其对可有多个解释的缩略语，应严加限制使用，必要时应在括号中注明全称。可以使用公认的缩略语。此外，论文题目必须考虑到有助于选定关键词、编制题录、索引等，可以为二次文献提供检索的特定实用信息。为方便二次检索，标题中应避免使用化学式、上下角标、特殊符号（数字符号、希腊字母等）、公式、不常用的专业术语和非英语词汇（包括拉丁语）等。SCI 论文标题还要避免使用特殊术语，应该使用一般常用的通俗化的词语，以使本学科专家或同行甚至非专业人士也能理解，从而有利于交流与传播。论文标题开头第一个字尽量不用冠词（包括定冠词 the、不定冠词 a 和 an）。

此外，还要注意下列事项。

（1）标题不用下画线或斜体字，但其中某个或数个词可以斜体（示例 4-12）。

示例 4-12

［不推荐］ IGF and FGF Cooperatively Establish the Regulatory Stem Cell Niche of Pluripotent Human Cells *in vitro*

［不推荐］ *IGF and FGF Cooperatively Establish the Regulatory Stem Cell Niche of Pluripotent Human Cells in vitro*

［推荐］ IGF and FGF Cooperatively Establish the Regulatory Stem Cell Niche of Pluripotent Human Cells *in vitro*

（2）尽可能不用非标准缩写。

4. SCI 论文标题和基金课题名称的区别

SIC 论文标题的选择与确定不同于申请课题名称。前者主要讲你的结果（你发现了什么），后者主要侧重于你的计划（你将研究什么）。

如下所列为国家自然科学基金中标项目标题的范例。

（1）短尾猴种群生态学及行为学研究。

（2）魔芋病害生态防治技术的基础研究。

（3）CRKs 对炎症诱导肺微血管内皮细胞骨架变化的调控研究。

（4）肌球蛋白轻链激酶与实验性动脉粥样硬化关系的研究。

从中不难发现，标题都含有“……研究……”。但是，一般来说，SCI 论文标题很少含有“The Study of（on）...”。在 1972～2007 年 NIH 中标基金库，只有一个基金项目标题含有 Study，即“Study of Women's Health Across the Nation”。

如下所列为 NIH 中标项目标题的范例：

(1) Adult Stem Cells for Repair Cardiac Damage。

(2) Biology of Multiple Myeloma Stem Cells。

(3) Gene Expression Pattern of Liver Stem/Progenitor Cells。

(4) mTert-GFP and Pancreatic Progenitor Cells。

(5) The Role of ABC Transporters in Stem Cells。

很多研究生把 SCI 论文的标题写成“The Study of ...”、“The Reseach on ...”等。这类标题在 SCI 论文中是很少见的（示例 4-13 和示例 4-14）。

示例 4-13

[不推荐] The Study of Argonaute2 in Mammalian Gastrulation and Proper Mesoderm Formation

[推荐] Argonaute2 is Essential for Mammalian Gastrulation and Proper Mesoderm Formation

示例 4-14

[不推荐] The Experimental Study of Neuroglobin in Beta-amyloid Neurotoxicity *in vitro* and Transgenic Alzheimer Phenotype *in vivo*

[推荐] Neuroglobin Attenuates beta-amyloid Neurotoxicity *in vitro* and Transgenic Alzheimer Phenotype *in vivo*

5. 标题的句法结构

标题通常由名词性短语构成，如果出现动词，多为分词或动名词形式。由于陈述句易使标题具有判断式的语意，同时也不简洁，因此，大部分编辑和学者都认为标题不应由陈述句构成。由于标题比句子简短，并且无需主语、谓语、宾语，因此词序显得尤为重要。特别是如果词语间的修饰关系使用不当，就会影响读者正确理解标题的真正含意。

写 SCI 论文的标题时，不要先写成中文再翻译成英文（示例 4-15）。

示例 4-15

作者想描述 B7-H4 蛋白主要在非增生性肿瘤细胞中表达，其中一部分为肿瘤干细胞。

［不推荐］　B7-H4 Most Expresses on Ki67 Negative Brain Tumor Cells and can Express on Brain Tumor Stem Cells

［推荐］　B7-H4 is Preferentially Expressed in Non-dividing Brain Tumor Cells and in a Subset of Brain Tumor Stem-like Cells

［推荐］　B7-H4 is Predominantly Restricted to Ki67-negative Brain Tumor Cells Including a Small Subpopulation of Brain Tumor Stem-like Cells

6. 英文标题大小写规则

(1) 论文的标题一般不用全部字母大写（示例 4-16）。

示例 4-16

［不推荐］　A THREE-PROTEIN SIGNALING PATHWAY GOVERNING IMMUNITY TO A BACTERIAL CANNIBALISM TOXIN

(2) 一般实词（名词、动词、代词、形容词、副词等）首字母大写，虚词（介词、冠词、连词、感叹词）首字母小写。例如，From "Go-back-to-history" to Non-history—A Criticism of New Historicism。

(3) 尽量使标题成为一个句子，每个词的首字母大写（示例 4-17）。

示例 4-17

［推荐］　A Receptor-Modifying Deamidase in Complex with a Signaling Phosphatase Reveals Reciprocal Regulation

(4) 也可以标题第一个词的首字母大写，后面每个实词的字母均小写。例如，From angiogenesis to neuropathology。

7. 标题的长度

标题的长度一般为 10～12 个单词，通常不超过 16 个单词。2010 年 Farrokh Habibzadeh 博士和 Mahboobeh Yadollahie 博士研究了来自

22 个 SCI 期刊的 9031 篇论文，发现 SCI 期刊论文标题的长度与论文的引用率直接相关（示例 4-18）。

示例 4-18　SCI 论文标题的长度与论文引用率的关系

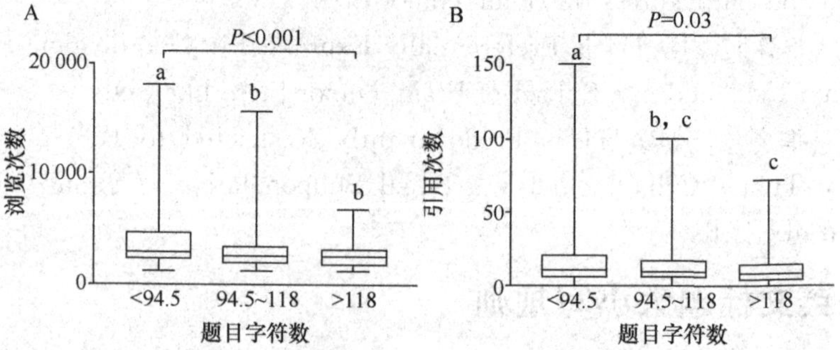

A. 题目字符数与论文浏览次数的关系；B. 题目字符数与论文引用次数的关系

［*Clinics*,2012,67(5):509-513］

标题实例分析（示例 4-19）。

示例 4-19

（1）我的论文主要研究：

• Whether X therapy improves the cognitive function of patients suffering from dementia.

• It was a randomized trial.

• I studied 45 cases from five cities in China.

• There was an improvement in the cognitive function of patients.

（2）Key words 包括：

• X therapy.

• Randomized trial.

• Dementia.

• 5 China cities.

• 45 cases.

• Improved cognitive function.

（3）用这些关键词造句：

This study is a randomized trial that investigates whether X therapy improved cognitive function in 45 dementia patients from 5 cities in China; it reports improved cognitive function（28 words）.

（4）删除所有不必要的单词：

~~This study is a~~ randomized trial ~~that investigates whether~~ X therapy improved cognitive function in 45 dementia patients from 5 cities in China; ~~it reports improved cognitive function~~.

Randomized trial of X therapy for improving cognitive function in 45 dementia patients from 5 cities in China（18 words）

（5）删除非必要的信息和改写：

Randomized trial of X therapy for improving cognitive function in 45 dementia patients ~~from 5 cities in China reports improved cognitive function~~

Randomized trial of X therapy for improving cognitive function in 45 dementia patients（13 words）

X therapy improves cognitive function in 45 dementia patients: A randomized trial（12 words）

第 5 章

如何署名、单位名称和地址

SCI 论文必须有作者署名的做法是为了确保相关个人获得对某项研究所作的贡献的认可，并对研究结果负责。有意歪曲某一研究人员与其研究工作之间关系的不端行为会削弱其研究工作报道的可信性。

1. 作者资格标准

作者资格或署名权并无统一定义，通常情况下“作者”是指对某项研究作出突出科学性贡献的个人或为已发表的研究论文作出实质性学术研究贡献的人。国际医学期刊编辑委员会（ICMJE）的署名权指导方针为：“凡称为作者的个人均应符合作为作者的条件，凡符合资格的人士均应列出。”

国际上对于作者的资格（authorship）是有严格要求的。有资格成为 SCI 论文的作者应同时符合下列所有标准（criteria）。

（1）至少参与部分课题的构思与设计、资料或数据分析和解释。

（2）论文稿的起草、写作或对其重要学术内容作重大修改。

（3）同意最后定稿。

因此，作者的资格应建立在是否实际参与以下工作的基础上。如果研究者们做了下列事情，要求作者署名权是合理的。

（1）拥有想法或设计实验。

（2）积极地参加了研究活动。

（3）分析和解释资料。

（4）撰写文章。

仅仅筹集资金、提供资金或收集资料者并不应当成为作者，可放在致谢栏中，如国家自然科学基金、“863”项目、“973”项目。对研究小组进行一般性地管理指导者也不足以成为作者。

2. 署名的目的

（1）著作权拥有的声明。署名本身即向社会声明，作者对该作品拥有了著作权，任何个人和单位不能侵犯。

（2）署名表示文责自负的承诺。

（3）署名便于读者同作者联系。

3. 作者（两人以上）排列和表达形式

科学论文、科普读物、教科书和综述经常有两个或两个以上作者。作者排列应建立在每位作者实际参与工作重要性的基础上。

（1）第一作者主要负责收集和分析数据、论文稿的起草和写作。

（2）最后一位作者一般是课题负责人，对课题和论文全面负责。

（3）其他作者应根据其在研究中的贡献来排列。

4. 第一作者和通讯作者的区别

通讯作者（Corresponding author）通常是实际统筹处理投稿和承担答复审稿意见等工作的主导者，是稿件所涉及研究工作的负责人。因此通常是“ To whom correspondence should be addressed”或“The person to whom inquiries regarding the paper should be addressed”的人，要负责与编辑部的一切通信联系和接受读者的咨询等。通讯作者的姓名多位列于论文作者名单的最后（使用符号来标识说明是通讯作者）。论文的成果主要是属于通讯作者的，而不是第一作者的。第一作者仅代表是你做的，且是最主要的参与者。

通讯作者往往是指课题的总负责人，承担课题的经费、设计、文章的书写和把关。最重要的是，他担负着文章可靠性的责任。

一般实验的实施者，又是论文的执笔者，自然应该是论文的第一作者。如果实验的实施者和论文的执笔者不是同一个人，该如何署名？论文的执笔者署第一是否合理？还是谁做的实验谁置第一？或谁的想法谁署第一？老板说哪个署第一哪个就署第一？要不俩人分别排在第一、第二的位置，然后表明俩人贡献均等（equal contribution），就行了？

“谁做的实验谁是第一”应该是基本原则。一般来说，一篇 SCI 论文的实验需要 1～3 年，写一篇 SCI 论文需要 1～3 个月。有时候，实验数据不是一个人完成的。基本原则是谁的贡献大，谁是第一（示例 5-1）。

示例 5-1

首席研究员 X 产生了一个研究设想，撰写了研究计划，而且得到了新的资金充足的立项。X 雇用了技术员 T 全权负责，并确保项目按照 X 的最初设想进行。T 根据个人经验采集了大量数据，并指导了协助采集数据的本科生。研究助理 A 对实验操作、分析负责，并对 T 等采集数据的解释负责。

相关问题：

哪些人应该包括在作者中，怎样排序？

调查结果：

- 78%被调查者认为 3 个人都应该包括在作者中。
- 78%被调查者认为 X 应该成为第一作者。
- 14%被调查者选择 A 作为第一作者。
- 82%被调查者认为 T 是作者之一。

对于一些重要的论文，有多个作者作出的贡献是等价的，可以作为联合第一作者处理，用文字或者符号（如 *、#）加文字说明（示例 5-2）。一般在工作单位名称和地址下方说明。

示例 5-2

Wang X and Lee Y contributed equally to this work 或 * These authors contributed equally to this work。

并列第一作者中也有前后之分，不是按字母顺序排列的。一般来说，并列第一作者中的第一作者贡献更大。写自己简历（CV）的时候，排在第二位的作者不可以把排列顺序写成自己是第一，但标明是并列第一作者。

有时课题为合作项目，因此可能有两位作者为通讯作者，表达形式如示例 5-3 所示。排在最后的通讯作者更重要。

示例 5-3

Correspondence author：

———,MD,PhD
Department of Neurology
University of San Francisco
4410 Clement St.
San Francisco,CA 94945
Tel:415-555-———
Fax:415-555-———
E-mail：———@ucsf. edu
Or(可以不用)
———,MD,PhD
Department of Neurosurgery
Huashan Hospital,Fudan University
Shanghai 200135,China
Tel:021-555-———
Fax:021-555-———
E-mail：———@yahoo. com. cn

在联合培养期间或在国外发表的论文如何署名？笔者认为“谁出钱谁受益”。所以国外导师应该是通讯作者。当然，因为是联合培养，国内的导师可以是作者之一。

如果研究生的导师是兼职博士生导师，而研究生的实验主要在研究生的原单位要求做的，那么研究生发表的论文其可以是第一作者，署名原单位（研究生）是第一单位。否则按目前许多学校关于研究生发表论文的规定，不能申请获得学校的学位。

文章各版所属部分的相应作者及任何作者署名权的变更必须得到所有作者的认同。

5. 作者职责

(1) 不能一稿两投。

(2) 不能捏造和欺骗。

(3) 论文作者是主要的研究者,对研究作出了重要的贡献,并熟悉原始数据。

(4) 所有作者看过最后定稿,并对其内容负责。如果该论文或其部分内容被发现有误或欺诈,他们应分担责任。

6. 署名格式

作者的姓名写在论文标题的下方,居中书写。当有两位以上作者时,每位作者的姓名用逗号分开,最后一位作者姓名的前面改用 and 分开。工作单位名称和地址应位于署名的下方。当作者来自不同工作单位时,可以用符号或数字说明(示例 5-4)。不要在“教授”后面加个“博士生导师”。一般来说,作者(通讯作者除外)单位的详细地址,如街道名称和号码不需要写明。有两位或多位作者,则每一位作者所属的地址应按作者出现的先后顺序列出,并以相应上标符号的形式列出与相应作者的关系。如果论文发表时作者调到一个新单位(不同于投稿时作者完成该研究工作的地址),新地址应以“Present address”(现地址)的形式在脚注中给出,这种做法对以地址了解作者的就职单位十分有用,同时也有利于检索系统统计研究机构的论文产出。如果第一作者或通讯作者同时为其他单位的兼聘或客座研究人员,并且为体现成果的归属,需要在论文中同时标注作者实际所在单位地址和受聘单位地址,则一定要清楚地指明作者的有效通讯地址。

示例 5-4 论文首页(Title page)的式样

Vascular Endothelial Growth Factor Overexpression Prolongs Survival in Amyotrophic Lateral Sclerosis Mice

Hong Tang[1,2*], Xiao Wang[3*], Jian Shen[4], Surita Banwait[1] and Kun Jin[1]

[1#] Department of Neurology, University of California, SF, CA 94121, USA

[2] Department of Neurology and Institute of Neurology, Ruijin Hospital,

Shanghai Jiao Tong University School of Medicine, Shanghai 200040, China
[3]Departments of Neurosurgery, Huashan Hospital, Fudan University, Shanghai 200040, China
[4]Department of Neurosurgery, First Affiliated Hospital, Zhejiang Medical University, Zhejiang 100030, China

*H. T. and X. W. contributed equally to this work

#Corresponding author:
——, MD, PhD
University of California, SF
4410 Clement St.
San Francisco, CA 94945
Tel: 415-555——
Fax: 415-555-——
E-mail: —— @ucsf. edu

Running title: VEGF Overexpression in ALS Mice

7. 常见问题和注意事项

SCI论文署名体现的意义不仅是荣誉，更重要的是责任。但是，涉及名利的事情处理不好往往是很容易产生误会、误解或矛盾的。看起来似乎很简单的署名问题，实际操作起来有些时候也是很难的。成为SCI论文的作者，尤其是第一作者，可能与找工作、晋升或申请基金直接相关。因此，有时候，系主任并没有直接参与课题的研究，但有可能被纳入为作者。资历比较低的研究人员经常把资深研究人员（如院士等）的名字挂上列为论文作者以表示感谢他（们）的支持或提高论文发表的概率。有时，基础研究者列临床医生为论文作者以作为组织样品和患者数据的交换条件。有些学生为了满足单位对获得学位的要求，急于毕业获得学位，在自己没有贡献的文章上挂名。这些“作者”统称为“a guest author”（客座作者）。如果给这些guest author署名，会对不起课题组真正参与工作的老师和学生，这对他们不公平。此外，有些作者是“a ghost author”（代笔作者），即指那些仅仅修改完成了论文而获得作者署名的人，这种现象多发生在生物医学领域，也可能在所有学科中都存在。根据国际论文署名准则，上述这些方法或理由被视为不恰当行为。

现在有些刊物在发表论文前让作者签名，说明阅读过并同意发表论文中的数据和结论；有些刊物规定通讯作者可以代表所有作者；有些刊物要求明确说明每位作者的责任和贡献（示例5-5），如谁收集的数据、谁设计的实验、谁实施的实验、谁参与讨论、谁进行数据分析和谁执笔等。

示例5-5

Author contributions（作者贡献）：J. J. H.，K. J. and D. A. G. designed research；J. J. H.，X. O. M. and L. X. performed research；J. J. H.，K. J. and D. A. G. analyzed data；and J. J. H. and D. A. G. wrote the paper.

Proc Natl Acad Sci USA，2012，109(23)：9155-9160

有时会有著作权和作者排列问题。比较简单的方法是：第一，你和你的合作者同意遵循国际论文署名准则；第二，在研究开始之前，确定作者名单；第三，事先探讨作者排列和谁将是通讯作者。有些特殊情况也是需要考虑的，如有些提供了某项研究的重要学术思想和设计思路、有些提供了实验中不可缺少的实验材料、有些提供了研究中必需的重要实验设备等类似情况，如果当事者（方）提出要作为论文作者署名，是可以考虑的。

8. 署名权纠纷形式及如何预防

署名权如果处理不当会引起纠纷。例如，你参与了研究，但未被列为作者或贡献者；某人采用你的想法，发表论文，并宣称拥有全部署名权；发现你的姓名未经你允许却出现在出版物上；等等。这些现象都会引起署名权纠纷。

- 争议必须由作者解决。
- 编辑无权裁决争议。
- 如果作品做出任何变动，编辑需征得所有作者的同意，这会延迟作品的出版时间。
- 作品出版后，如果内容有变更，可出版修订版，但需征得所有作者的同意（示例5-6）。

示例 5-6　署名权纠纷形式及如何预防*

行为	定义	是否违反出版道德	你该怎么做
歪曲科学家及其研究工作之间的关系	列出对研究参与甚少或未参与的人员姓名；省略有参与的人员姓名，或署名排序表明研究的参与程度大于实际情况。 这包括投稿前未经作者/贡献者同意。	是。 根据国际医学期刊编辑委员会（ICMJE）："凡称为作者的个人均应符合作为作者的条件，凡符合资格的个人均应列出。" 歪曲包括"代笔"作者、"客座"作者及"赠与"作者。	提交论文前，检查期刊的作者须知。 期刊编辑要求作者坦言告之所有贡献者，包括"重大"贡献者、付费撰稿人及其他对研究有贡献者。 为避免纠纷，一开始必须明确个人职责及署名权事宜处理方法。 如果认为就署名权事宜受到不公平对待，请向可信任的导师寻求建议。
代笔署名	通常是指职业撰稿人（通常由商业赞助商付费雇用），其对研究的贡献不予认可。 对数据分析的匿名贡献也构成代笔署名。	是。 不认可撰稿人的贡献为不诚实的行为。	只参与原稿的起草，未参与研究的设计、执行或结果阐释的职业撰稿人，在致谢部分应予以说明，同时应附上有关可能利益冲突的信息，包括撰稿协助是否会得到补偿，若给予补偿，应由何方支付。 • 参照期刊署名权指导方针。 • 参照其他有用信息，包括 ICMJE、世界医学编辑协会（WAME）、欧洲医学作家协会（EMWA）及美国医学作家协会（AMWA）。
客座署名	基于与研究的些许关系的署名或完全出于署上某一姓名以提高研究发表的概率。	是。 客座作者并无实质贡献。	提交论文前，应对所有的"赠与"和"客座"贡献进行审查。 如果不确定某一贡献是否可接受，请参照期刊署名权指导方针并询问编辑。

* http://www.journals.elsevier.com

9. 中国人姓名的表达

目前发现，在 SCI 期刊里中国作者的姓名表达方式极不统一，发表的论文中前后姓名的出现形式严重不一致。这种不统一与不一致除了它的不正确性外，还给文献的检索增加了难度和差错，也使相关的数据统计产生了误差。

中国人姓名在 SCI 论文中有不同的表达方式，见示例 5-7。

示例 5-7

中国名：金坤林

表达：Kunlin Jin（常见于 SCI 期刊），检索关键词为 Jin，K
KunLin Jin(常见于 SCI 期刊)，检索关键词为 Jin，K
Kun-Lin Jin(常见于 SCI 期刊)，检索关键词为 Jin，KL
Jin，Kunlin(少见于 SCI 期刊)，检索关键词为 Jin，K
JIN Kunlin(少见于 SCI 期刊)，检索关键词为 Jin，K
Kun Lin Jin（Lin 表达为 Middle name，不推荐）
Jin Kun Lin(不正确)

建议：

· 在国际英文出版物上，中国作者最好始终使用全名，不用缩写，这样可以减少不应有的重名、重姓现象；

· 认真检查校样；

· 一旦决定了姓名的表述方式，如姓在前名在后、双名不用短线等，就要一贯如是，不要在不同的文章中变来变去。

请参阅：Uniform Requirements for Manuscripts Submitted to Biomedical Journals：Writing and Editing for Biomedical Publication. International Committee of Medical Journal Editors. 2007. 其网站链接地址为 www. icmje. org/ # author。

第 6 章

如何书写 SCI 论文的摘要

1. 摘要的定义

摘要（Abstract，Summary）是对论文内容的概括，是以提供文献内容梗概为目的，简明扼要、正确记述文献重要内容的短文。摘要主要说明论文的目的、所用的方法及取得的结果和意义。摘要是 SCI 论文的必要附加部分，只有较短的文章才能省略。

2. 摘要的作用

（1）报道论文信息。摘要应具有独立性和自明性，并且涵盖论文的主要信息，即不阅读全文，也能了解文章阐述的主要内容，以便读者迅速作出判断，是否有必要阅读全文。因此，摘要使读者既浏览了大量的信息，又节省了精力。许多作者的 SCI 论文摘要较简略，没有注意将文章主要内容体现在摘要内，从而影响了论文的交流和发表。

（2）电子文献检索。摘要是二次文献的著录内容。因此，摘要必须纳入足够的关键信息，如结果、观察、趋势等，使读者可参考你的工作。

（3）用于审稿过程。一般 SCI 期刊编辑把论文的题目和摘要送给候选审稿人，审稿人根据摘要内容来决定是否有兴趣或值得花时间审阅此稿（示例 6-1 和示例 6-2）。

示例 6-1 邀请审稿信包含摘要内容-1

Dear Dr. ——,

I would appreciate your expert opinion as a reviewer of the manuscript recently submitted for publication to JCI. Given your knowledge and expertise in the subject areas upon which this manuscript is focused. I hope you will agree to participate in the review process.

The title of the manuscript is: ——.

The abstract is shown at the bottom of this letter.

Please click on the appropriate link below-either accept, decline or not available ....

Editor

ABSTRACT: ——.

示例6-2 邀请审稿信包含摘要内容-2

Dear Prof ——,

We would like to ask your help in assessing a paper submitted to Cell Death & Disease (title and abstract follow). We know that you have many demands on your time and would be very grateful if you could help us in our evaluation. CIS is committed to publishing high quality research and continuing to improve its profile with the help of reviewers such as yourself.

Manuscript Number: CIS-15-0427

Title: Cellular prion protein promotes post-ischemic neuronal survival, ...

Abstract: Although cellular prion protein (PrPc) has been suggested to have physiological roles in neurogenesis and angiogenesis the pathophysiological relevance of both processes remain unknown ....

Please note that we are using a new, fully web-based submission, review and manuscript tracking system, so there is no need to reply to this email.

To view the manuscript information and to accept or decline this invitation, please click on the link below:

———.

Should you have any queries, please do not hesitate to contact me at the journal office.

Thank you very much for your assistance.

———.

Receiving Editor

3. 摘要分类

虽然所有摘要所要达到的目标是基本相同的，但是论文的摘要一般有两种主要类型。

（1）信息性摘要（informative abstract）：也称为报道信息性摘要或资料性摘要。信息性摘要更像是论文的浓缩版，是你研究的全部概述，包括研究结果。这类摘要要比描述性摘要长得多，它的长度范围在一小段到一整页之间。其特点是全面、简要地概括论文的目的、方法、主要数据和结论。通常这种摘要可部分地取代阅读全文。

（2）描述性摘要（descriptive abstract）：也称为说明指示性摘要、说明性摘要或论点摘要。描述性摘要用于解释学术研究的目的、目标和方法，但是会省略研究结果部分。这类摘要通常只有 100～200 字。一般只用两三句话概括论文的主题，而不涉及研究的材料、方法、论据和结论，多用于综述、会议报告等。

这两类摘要的基本内容是相同的，主要的区别在于，只有在信息性摘要中包含结果，并且信息性摘要比描述性摘要更长。如果你没有被要求用某种特定的风格，你需要确定哪些是适合你的摘要风格。通常情况下，较长的、技术性的研究论文适合信息性摘要，而较短的论文适合描述性摘要。

4. 摘要结构

一般摘要为一个自然段（one paragraph）。摘要的主要结构可以概括为下列4个部分，按顺序排列：

(1) 存在的问题和研究的主要目的（motivation/problem statement）；

(2) 实验设计与方法（methods/procedure/approach）；

(3) 最重要的结果（results/findings/product）；

(4) 主要结论（conclusion/implication）。

5. 如何写摘要

论文标题和摘要完全不同。论文标题介绍论文中的主要观点或问题，而摘要是为了概述整个文章的内容，包括方法和结果。

摘要写作内容可以包括以下方面：

(1) 确定你的论文目的。你写的论文内容是关于在学校里不吃午餐和成绩差的相关性，那又怎么样？这有什么重要的？读者想知道为什么你的研究是重要的，它的目的是什么。开始写描述性摘要，首先要回答以下的一个或两个问题。

- 你为什么决定做这个研究？
- 这个研究为什么重要？
- 为什么别人要读完你的文章？

(2) 解释可能会出现的问题。读者知道了你为什么要写你的论文，为什么你认为你的主题很重要。但现在他们需要知道你论文中要解决的首要问题。有时你可以把要解决的问题与写作动机相结合，但是明确分开这两个部分是最好的做法。

- 你的研究是为了更好地理解或解决哪个问题？
- 你研究的范围是什么？一个普遍问题，还是一个具体问题？
- 你的主要观点或论据是什么？

(3) 解释你的研究方法。动机和问题已经完成了，那么方法呢？现在你需要完成这个部分，综述你完成研究的内容。如果这是你自己的工作，把对这个研究的详细描述包含在里面。如果你只是在评论别人的工作，简要说明这个部分就可以了。

- 详细叙述你自己的研究，包括所用到的变量和方法。
- 描述能够支持你说法的证据。
- 为你最重要的证据来源做一个概述。

(4) 描述你的结果（只限于信息性摘要）。学会区分描述性摘要和信息性摘要之间的区别。在一个信息性摘要中，你需要提供你研究的结果。

- 你的研究成果是什么？
- 从你的研究中你得到了什么结论？
- 你提出的假设或论据是否能够得到支持？
- 一般性的结果是什么？

（5）描述你的结论。用这部分内容作为摘要结尾，结束你的摘要。在这部分中，强调你研究结果的意义，还有你整个论文的重要性。在描述性摘要和信息性摘要中都可以用到这个形式的结论内容，但是只是在信息性摘要中，你才需要强调下列问题。

- 你论文的意义是什么？
- 你论文的结果是一般性的还是具体性的？

摘要具体内容可以概括为几个方面，见示例 6-3。

示例 6-3　SCI 论文摘要结构、内容及来源

摘要结构	内容	来源
背景资料、问题、研究目的	What did you investigate and why?	Introduction
试验设计与方法	What did you do?	Method
结果	What did you find out?	Result
解设和结论	What do your results mean? So what?	Discussion

6. 书写摘要的基本要求和注意事项

（1）摘要为 SCI 论文全文的高度浓缩。因此，应字字推敲，力求做到多一个字有余，少一个字则不足。确保准确、简洁而充分地表述论文的主要目的、方法及取得的主要结果和意义。

（2）简短精练，内容明确、完整。避免过于具体。一个摘要是一种综述，因此摘要最好是参考可能用到的姓名和地点，而不是参考论文中的具体观点。你不需要解释在你摘要中定义的任何术语，稍微提及一下就足够了。避免你的总结太过明确，坚持为你的论文做一个比较宽泛的概述。一般 SCI 论文摘要以 200～300 字为宜。但应注意不同的 SCI 期刊要求也不甚一致，如 *Science* 要求摘要在 125 字或更少。

(3) 摘要只是文字描述，没有任何形式的说明，如图、表和注解。为方便检索系统转录，应尽量避免使用化学结构式、数学表达式、角标和希腊文等特殊符号。

(4) 摘要的第一句话最重要，内容包括研究动机（Motivation：Why do we care about the problem and the results?）和存在的问题(Problem statement：What problem are you trying to solve?)，因此反映你文章的研究方向和重要性。

(5) 应阐述论文的主要内容。内容必须精心编写。尝试许多版本。

(6) 要引起读者的兴趣，要原创。

(7) 避免不必要的话，如“In recent years ...”，“ ... has received great attention ...”，“There has been great interest in ...”。

(8) 提供有用的信息。一个主题段可能会故意表述得很含糊，但是摘要和主题段不同，它会提供对文章和研究有帮助的解释。用语言组织你的摘要，使读者确切地知道你在说什么，不要让读者被不明确的引用或短语搞得毫无头绪。避免用可能导致读者混淆的缩略语或术语。如果确有需要，应在缩写符号第一次出现时给出其全称。

(9) 不应包含参考文献。

(10) 不应包含冗长的背景资料。

(11) 可以有一些数字，但不要过多。

(12) 使用关键的短语和单词。如果你的文章要被刊登在杂志上，你肯定希望人们能够很容易地找到它。读者会在线上数据库中寻找特定的问题，希望能够找到相关论文，这时你的论文会显示出来，你要做到这一点。尝试在摘要中使用在论文中出现的5～10个重要的单词或短语。例如，如果你写的论文内容是关于精神分裂症中展示出的文化差异，一定要使用“精神分裂症”、“跨文化”、“文化束缚”、“精神病”和“社会接受程度”等。在寻找你这个题目的论文时，人们可能会用到这些搜索名词。

(13) 从头写起。你的摘要是一个总结，没错，但它应该和你的论文完全分开。不要直接复制并粘贴自己论文中的引用，避免简单地改述你论文中的句子。用全新的词汇和短语完成你的摘要，保持它的趣味性，避免过于冗长。

(14) 使用真实的信息。你可能想用你的摘要吸引读者，它是一个鱼饵，吸引他们继续阅读你的论文。然而为了做到这一点，你不能参考在你摘要中没有出现过的思路或研究。引用在你论文中没有用到的资料会误导读者，最终会使你的读者数量减少。

（15）合理地组织你的摘要。在你的摘要中必须要回答特定的问题，但是这些答案也要保持条理。最理想的做法是，论文的格式应该模仿你文章总体的格式，一般来说包括“引言”、“主体”和“结论”。

（16）再次确认摘要内容。一旦你完成摘要，需要再检查，以确保内容与论文完全相符。检查其中的语法和拼写错误，确保摘要是规范的格式。

Weinberger 博士、Evans 博士和 Allesina 博士在 2015 年发表了书写摘要的 10 项规则［*PLoS Comput Biol*，11(4)：e1004205］。

规则 1　简短，少写几句话（Keep it short）。

规则 2　用短句子（Keep it compact）。

规则 3　尽可能用通俗语言，避免专业术语（Keep it simple）。

规则 4　用现在时（Use the present tense）。

规则 5　避免用形容词、副词（Avoid adjectives and adverbs）。

规则 6　突出重点（Focus）。

规则 7　新颖、重要（Signal novelty and importance）。

规则 8　“销售”自己的结果，亮出卖点（Be bold）。

规则 9　表现出自信（Show confidence）。

规则 10　避免华丽的辞藻或情绪化词汇（Avoid evocative words）。

7. 摘要写作的人称和语态

由于主动语态的表达更为准确，且更易阅读，因而目前大多数 SCI 期刊都提倡使用主动态。除非出版物要求，避免使用被动语态，如“This experiment was performed ...”。*Nature*、*Cell* 等期刊普遍使用第一人称和主动语态的表达方式。避免用第三人称，如“This paper reported that ...”。

8. 摘要写作的时态

摘要写作时所采用的时态因情况而定，应力求表达自然、妥当。写作中可大致遵循以下原则。

（1）介绍背景资料或阐述研究的主要目标时，如果句子内容不受时间影响，是普遍事实，应使用现在时；如果句子的内容为对某种研究趋势的概述，则使用现在完成时。

（2）概述实验程序、方法和主要结果时，通常用过去时。

（3）叙述结论或建议时，可使用现在时。

小结见示例 6-4。

示例 6-4　摘要结构和时态

摘要结构	时态
阐述研究的主要目标	现在时或现在完成时
描述使用方法	过去时
扼要说明最重要的结果	过去时
阐述主要结论	现在时

然而，不同的 SCI 期刊有不同的要求。例如，*Cell* 杂志的摘要所采用的时态是现在时（示例 6-5）。

示例 6-5　摘要写作的时态范例-1：没有过去时

现在时

Summary

Notch signaling is broadly used to regulate cell-fate decisions. We have identified a gene, *rumi,* with a temperature-sensitive *Notch* phenotype. At 28 30°C, *rumi* clones exhibit a full-blown loss of Notch signaling in all tissues tested. However, at 18°C only a mild *Notch* phenotype is evident. *In vivo* analyses reveal that the target of Rumi is the extracellular domain of Notch. Notch accumulates intracellularly and at the cell membrane of *rumi* cells but fails to be properly cleaved, despite normal binding to Delta. Rumi is an endoplasmic reticulum-retained protein with a highly conserved CAP10 domain. Our studies show that Rumi is a protein *O*-glucosyltransferase, capable of adding glucose to serine residues in Notch EGF repeats with the consensus C^1-X-S-X-P-C^2 sequence. These data indicate that by *O*-glucosylating Notch in the ER, Rumi regulates its folding and/or trafficking and allows signaling at the cell membrane.

Cell, 2008, 132: 247-258

Science 杂志的摘要采用的时态有现在时或因情况而定。示例 6-6 和示例 6-7 是出现在同一期 *Science* 中的两个摘要。但是所采用的时态完全不同。由于各 SCI 期刊都有其具体要求，因此，要确定在递交你的论文之前通读作者指南。按照该期刊的要求使论文规范化。

示例 6-6　摘要写作的时态范例-2：有过去时

过去时

Abstract

Manipulation of single spins is essential for spin-based quantum information processing. Electrical control instead of magnetic control is particularly appealing for this purpose, because electric fields are easy to generate locally on-chip. We experimentally realized coherent control of a single-electron spin in a quantum dot using an oscillating electric field generated by a local gate. The electric field induced coherent transitions (Rabi oscillations) between spin-up and spin-down with 90° rotations as fast as ~ 55 nanoseconds. Our analysis indicated that the electrically induced spin transitions were mediated by the spin-orbit interaction. Taken together with the recently demonstrated coherent exchange of two neighboring spins, our results establish the feasibility of fully electrical manipulation of spin qubits.

Science, 2007, 318(5855): 1430-1433

示例 6-7　摘要写作的时态范例-3：没有过去时

现在时

Abstrac

In primates that are highly sexually dimorphic, males often reach maturity later than females, and young adult males do not show the size, morphology, and coloration of mature males. Here we describe extended male development in a hominin species, *Paranthropus robustus*. Ranking a large sample of facial remains on the basis of dental wear stages reveals a difference in size and robusticity between young adult and old adult males. Combined with estimates of sexual dimorphism, this pattern suggests that male reproductive strategy focused on monopolizing groups of females, in a manner similar to that of silverback gorillas. However, males appear to have borne a substantial cost in the form of high rates of predation.

Science, 2007, 318(5855): 1443-1446

9. 摘要写作技巧

摘要总结了论文，有利于对文章要点的提炼。所以，论文摘要就像是对一段感情的总结，如若未曾恋爱，总结得总会差强人意。因此，尽管摘要出现在论文的最前面，但摘要一般应该在文章各主要部分完成后再写。优秀的摘要能有效抓住读者兴趣。开始写作摘要时，可以从Introduction、Material and Method、Results and Discussion部分中选择整个句子或关键短语，并把它们按逻辑顺序排列。然后着手修改或添加文字。要做到准确、简洁、清楚地表达论文中心内容。句子之间要上下连贯、前后呼应。句型应力求简单，慎用长句。每句话要表达清楚，无空泛、笼统、含混之词，即不阅读全文，读者也能获得必要的信息。简单地说，首先从一些简单的背景资料开始，用1、2句话解释为什么要做这项研究及与你研究相关的背景特色（背景与目的）；其次简述（1、2句话）做了什么（目标/基本方法）。不必详述，但必须注明使用的关键技术，然后清楚地简述主要成果或发现（1、2句话）及重大意义（1、2句话）。最后一句应为研究结论，为什么结果很重要，强调研究的创新和意义（示例6-8）。

示例6-8　摘要写作框架

- Statement of：
    - The question asked（present verb tense）.
    - What was done to answer the question（past verb tense）—research design，population studies，independent and dependent variables.
- Findings that answer the question（past verb tense）— the most important results and evidence（data）presented in a logical order.
- The answer to the question（present verb tense）.

If useful，and where word limit allows，include：

- One or two sentences of background information（placed at the beginning）.
- An implication or a speculation based on the answer（present verb tense，placed at the end）.

10. 缩短摘要的方法

不同的 SCI 期刊，其摘要的长度有所不同。因此，当你重投其他 SCI 期刊时，有时需要缩短摘要，以达到该期刊的要求。一般缩短摘要的方法如下所述。

(1) 取消不必要的字句，如 “It is reported ...”，“Extensive investigations show that ...”，“The author discusses ...”，“This paper concerned with .... ”。

(2) 对物理单位及一些通用词可以适当进行简化。

(3) 取消或减少背景介绍（background information）。

(4) 只描述新情况、新内容，过去的研究细节可以取消。

(5) 作者在文章中谈及的未来计划不纳入摘要。

(6) 尽量简化一些措辞和重复的单词。

第 7 章

如何书写SCI论文的关键词

关键词源于英文“Key words”，特指单个媒体在制作使用索引时，所用到的词汇。大多数电子搜索引擎、数据库或期刊网站利用你的英语论文题目、摘要及一系列的科研论文关键词来决定是否及何时向目标读者显示你的论文。全世界每天有几十万篇科技论文发表，学术界早已约定利用关键词去检索最新发表的论文。作者发表的论文不标注关键词，文献数据库就不会收录此类文章，读者就检索不到。因此，关键词选得是否恰当，关系到该文章被检索和该成果的利用率。此外，标题和摘要通常是唯一可免费在线阅读的论文部分。因此，读者找到你的论文后，将通过阅读标题和摘要决定是否购买整篇论文或继续阅读。

1. 关键词

关键词是摘要内容的浓缩，是反映SCI论文主题内容最重要的词、词组和短语，用于表达文献主题内容，不仅用于科技论文，还用于科技报告和学术论文。一般选用3～6个关键词。关键词也是SCI论文的文献检索标识，表达文献主题概念的自然语言词汇。关键词是为了方便计算机检索（search engine）用的，要求词义明确，一词一意。

2. 关键词的遴选

期刊、搜索引擎及索引和摘录服务都使用关键词对论文进行分类。因此，一系列准确的关键词可确保正确地索引并有助于向目标读者群展现你的研究。这反过来又会提高你的论文被引用的机会。关键词选择到位，可以使读者通过几个简单的词汇了解到全文需要阐述的主旨，引领读者顺利且有目的性地继续往下阅读。

关键词或主题词的一般选择方法是：由作者在完成论文写作后，纵观全文，选出能表示论文主要内容的信息或词汇。这些信息或词汇，可以从论文标题中去找和选，也可以从论文内容中去找和选。一般来说，关键词可从以下 4 个部分去寻找。

（1）从标题中找。标题是论文的主题浓缩，最易找到。

（2）从摘要中找。摘要是论文的内容浓缩，包括了最重要的方法、结果、结论和关键数据。

（3）从论文的小标题中找。它是反映论文主题的层次标题。

（4）从结论中找。可找到在标题、摘要、小标题中漏选的较为重要的关键词。

现在，检索本学科领域的常用词汇/术语表或索引标准，并确保你所用的术语与这些资源中的术语一致。

在投稿前，将关键词输入搜索引擎并查看显示结果是否与你的论文主题相匹配。这将帮助你确定所用的关键词是否适用于你的论文主题。

3. 关键词书写

关键词：左顶格起，后空一格写关键词（示例 7-1）。

示例 7-1

Title: Vascular Endothelial Growth Factor Overexpression Delays Neurodegeneration and Prolongs Survival in Amyotrophic Lateral Sclerosis Mice[*The Journal of Neuroscience*, 2007, 27(2): 304-307]

Key words: vascular endothelial growth factor, amyotrophic lateral sclerosis, motor neuron, superoxide dismutase-1, neurodegeneration, transgenic

关键词的位置：一般情况下，关键词位于摘要之后（示例 7-2）。

示例 7-2

Abstract

...A model of postnatal neurogenesis is considered in light of known embryonic events and reveals a limited developmental potential of SVZ stem/progenitor cells，whereby ancestral cells in both embryonic and postnatal adult settings give rise to glia and GABAergic interneurons.

Key words：adult stem cells，electrophysiology，*in vitro*，neurogenesis，subventricular zone

4. 书写关键词的注意事项

(1) 关键词不要全部来自论文的标题。

(2) 关键词不要重复（示例 7-3）。

示例 7-3

Title：Sensory Experience Alters Cortical Connectivity and Synaptic Function Site Specifically [*The Journal of Neuroscience*，2007，27(13)：3456-3465]

Key words：synaptic，plasticity，experience-dependent plasticity，somatosensory，cortex，whisker

其中，关键词 plasticity 重复了，没有必要。

第 8 章

如何书写 SCI 论文的引言

引言（Introduction）是一篇 SCI 论文的开场白，它写在正文之前。其作用是向读者揭示论文的主题、目的和总纲，便于读者了解该论文所论述内容的来龙去脉。引言中的初步介绍还可以使读者更便于阅读该文，引导读者更好地领会该项科学成果的意义、试验、采用的方法和论文展开论点的计划等。一篇 SCI 论文的引言应包括研究的背景、目的、方法和结果。很多人写 SCI 论文的缺陷就在于引言没有内涵，过于简单，没有真正体现这个领域发展的历史及本研究的创新之处。其实引言是很难写的部分。这是因为作者对有关学科领域的熟悉程度，作者的知识是渊博、还是贫乏，研究的意义何在、价值如何等问题，都在引言的字里行间得以充分体现。所以说，论文的引言是全篇中最有挑战性的部分。引言为论文提供背景信息，让读者了解你的研究动机。优秀的引言能为全文奠定良好的基调，吸引读者兴趣，正确传达总论点。一个好的引言相当于文章成功了一半。

1. 引言包括的内容

引言的内容＝What?

引言以一般性介绍较大的主题开始，然后引导读者进入你一直专注的领域，最后提出论文的中心论点。引言包括以下主要内容。

（1）课题的提出背景。

（2）前人研究经过、成果、现实情况及存在的问题和评价。

(3) 说明你做这项研究的原因。介绍课题的性质、范畴及其重要性，突出研究的目的或需要解决的问题。

(4) 你研究过程所采用的方法、研究工作的新发现和意义。

2. 引言写作的基本要求

(1) 言简意赅，条理清晰。以最精练的语言，表述研究课题的来龙去脉及研究结果。一般SCI论文引言在450字以内，2～4个自然段(paragraphs)。

(2) 尽量准确、清楚且简洁地指出所探讨问题的本质和范围，对研究背景的阐述做到繁简适度。文献引用和数据提供一定要准确，切记避免片面摘录部分结果而不反映文献的总体结果；引用的数据也要正确，特别是“二次引用”的数据（不是从原文献中查到，而是从别人文献中发现的另一篇文献的数据）。

(3) 要把该领域内过去和现在的状况全面概括总结出来，特别是最新进展的引用。在背景介绍和问题的提出中，应引用“最相关”的文献以指引读者。要优先选择引用的文献包括相关研究中的原始、重要和最具说服力的文献。力戒不恰当地大量“自引”。引用文献时不要原文抄录，要用自己的话进行总结描述。

(4) 采取适当的方式强调作者在本次研究中最重要的发现或贡献，让读者顺着逻辑的演进阅读论文。

(5) 解释或定义专门术语或缩写词，以帮助编辑、审稿人和读者阅读稿件。

3. 引言的写作

1) 存在问题（What is the problem?）

论文引言的作用是开宗明义提出本文要解决的问题。引言应开门见山、简明扼要。最主要的目的是告诉读者论文所涉及的研究领域及其意义是什么，研究要解决什么问题，目前状况或水平如何。总结相关背景研究、关键关系和概念，使读者能理解你的实验。

可以用与论题相关的背景信息开篇。告诉读者本文的主题是什么。

- 研究型论文，可以用研究的重要性开篇，继而谈到实验模型和操作原理。
- 人文性论文最好使用“漏斗形”或“倒金字塔形”结构。先提供与主题相关的背景信息，然后具体到你的研究方向，紧接着提出总论点。

如果上述办法不适用于你的主题，还可以考虑其他开篇。

· 轶事、引用、热点、争议话题都可以作为有力的开篇。

· 可以用比较或对照人物、事件、观点的方式引出话题。

2）为什么你的研究是重要（Why is your proposal important?）

简要叙述前人在这方面所做过的工作。什么是已知的，目前存在的问题或未解答的问题。回顾和总结相关研究，提出你研究的理由。分析过去研究的局限性并阐明自己研究的创新点时要慎重。一定要遵循实事求是的原则来客观公正评价别人的工作，不要把抬高自己研究的价值建立在贬低别人的工作之上。对前人工作的概括也不要断章取义或以蓄意歪曲别人的意思而突出自己方法的优点。叙述前人工作的欠缺以强调自己研究的创新时，应慎重且留有余地。最常用的表达方式是“To the best of our knowledge, we find/identify for the first time ...”。在一篇论文中，对前人工作的概括应尽可能放在引言中。在正文中，如非很必要，就不要再强调了。

3）你如何解决这些问题（What solution do you propose?）

简述你的实验，一般的实验设计或方法，你的新方法或重要结果有什么广泛的影响或意义。

在引言的第一段最后一句提出总论点，如“图书管理员有人情味，而虚拟咨询台没有”。

理论性论文引言与技术研究性论文引言的写作内容、方法基本是相同的，一般按以下序列排列（示例 8-1）。引言写作范例见示例 8-2。

示例 8-1　引言写作框架

Background to the topic（past verb tense）

- What is known or believed about the topic.
- What is still unknown or problematic.
- Findings of relevant studies（past verb tense）.
- Importance of the topic.

Statement of the research question

- Several ways can be used to signal the research question. e. g.
- To determine whether ....
- The purpose of this study was to ....
- This study tested the hypothesis that ....

- In this study, we examined the role of ....

Approach taken to answer the question (past verb tense)

示例 8-2 引言写作范例

第一段：研究对象的背景（发现成人干细胞存在）

Neurogenesis in the adult mammalian brain takes place in the subventricular zone (SVZ) of the lateral ventricular walls of the forebrain and in the subgranular layer of the dentate gyrus of the hippocampus (Ref). In the adult SVZ, periventricular astrocytes (B cells) have been proposed to act as stem cells (Ref) and generate rapidly dividing transit amplifying (C) cells, which in turn generate migratory neuroblasts (A cells) which then join the rostral migratory stream to reach their final destination in the olfactory bulb where they differentiate into functional interneurons (Ref). However, the mechanisms governing the regulation of the stem cells in the adult brain remain unclear.

存在问题（调节机制不清）

第二段：前人研究成果及其评价（前人发现 Shh 调节胚胎干细胞）

The secreted factor Shh plays multiple roles in the formation of the CNS, including the regulation of early ventral pattern in the neural tube (Ref) and of later precursor proliferation in the dorsal brain (Ref).... This and the finding that Shh regulates the behavior of cells with stem cell properties in the developing embryonic neocortex (Ref) led us to investigate its possible involvement in the control of stem cell lineages in the postnatal and adult forebrain SVZ, the best studied stm cell niche in the adult mammalian brain (Ref).

引出问题（因此推测 Shh 也调节成人干细胞）

最后一段：概要你的研究新发现（证实Shh 调节成人干细胞）

Here we show that SVZ cells express *Shh* and *Gli1* and that blockage of hedgehog (Hh) signaling in adult and perinatal mice results in diminished expression of *Gli1* and deficits in SVZ cell proliferation *in vivo* .... Our results thus show that Shh signaling is a critical mechanism for the maintenance of stem cell lineages and neurogenesis in the postnatal and adult brain. Together with the involvement of Shh signaling in the control of the behavior of stem cells in the embryonic neocortex (Ref) and in the adult hippocampus (Ref), the present results demonstrate that Shh signaling regulates stem cell behavior in multiple brain niches throughout life.

你的研究意义

Development,2004,131 (2):337-345

4. 引言写作时态和语态运用

（1）叙述有关现象或普遍事实时，常用现在时（示例 8-3）。

示例 8-3

Little is known about X.

（2）描述特定研究领域中最近的某种趋势，或强调表示某些“最近”发生的事件对现在的影响时，常采用现在完成时（示例 8-4）。

示例 8-4

“Few studies have been done on bone marrow stem cells”或“Little attention has been devoted to bone marrow stem cells”。

（3）阐述作者本人研究的方法及结果的句子，多使用过去时（示例 8-5）。

（4）在阐述作者本人研究目的的句子中应有类似“In this study,”、

"The experiment reported here," 等词，以表示所涉及的内容是作者现在的工作，而不是指其他学者或作者过去的研究。

示例 8-5 引言写作时态和语态范例

In this study, we investigated mechanisms of Hsp90 cytoprotection in tumors. We found that mitochondria of tumor cells, but not most normal tissues, organize a chaperone network comprising Hsp90, its related molecule, TRAP-1 and CypD, which antagonizes mitochondrial permeability transition. Organelle-specific targeting of this pathway causes sudden collapse of mitochondrial integrity and apoptosis selectively in tumor cells.

Cell, 2007, 131(2): 257-270

(5) 适当地使用第一人称，如"We"或"Our"，以明确地指明作者本人的工作（示例 8-6）。

示例 8-6

［推荐］ We conducted this study to determine whether ....

［不推荐］ This study was conducted to determine whether ....

5. 引言写作中常见的问题

(1) 引言过简（示例 8-7）。

示例 8-7

Introduction

Septum pellucidum tumor is seldom and accounts for about 0.5% of intracranial tumors. Previous studies focused mostly on central neurocytoma but the number of cases is inadequate[1]. In our study, we reviewed 41 patients with septum pellucidum tumor treated at our hospital from January 1998 to September 2004. The diagnosis of these patients was confirmed by imaging and operation. Clinical manifestations and pathological findings were analyzed to determine which of transcortical, trans-sulcal or transcallosal approaches is applicable for the resection of septum pellucidum tumor in consideration of factors of extent of the resection and postoperative complications.

Chinese Medical Journal, 2005, 118(10): 812-816

（2）相关背景研究交代含糊（示例 8-8）。

示例 8-8

Introduction

Chemical drugs carried by ferrofluid microspheres can raise the local drug concentration around lesions and reduce their systematic distribution through circulation efficiently. The purpose of this study was to identify the distributive features of ferrofluid microspheres of human serum albumin methotrexate（FM-HSA-MTX）in SD rat brains under external magnetic fields.

Chinese Medical Journal, 2005, 118(10): 824-827

（3）铺垫太远，绕了一个人圈子才进入主题。

（4）描述该研究的重要性，但是没有交代相关的类似研究。

第 9 章

如何书写 SCI 论文的实验材料和方法

实验材料和方法（Material and Method）部分描述你是怎样来研究问题（How did you study the problem?）的，包括你用了什么（What did you use?）和实验过程（How did you proceed?）。

1. 实验材料和方法部分的重要性

（1）科学成果必须是可重复的。“实验材料和方法”部分的关键是保证他人可以重复你的结果，因为本章节描述你做了什么、怎么做和用了什么。

（2）审稿者常常仔细研究本章节。审稿者根据你提供的实验材料和方法来判断和决定论文的结果是否可信。如果审稿者认为实验材料和方法有缺陷，则该论文的实验设计也会有缺陷。其结果是该论文被拒绝。

因此，虽然实验材料和方法的写作相对较为简单，但是需注意的问题不少，重要的在于完整的描述。完整性就是实验中的每一个环节都要注意到，不要顾此失彼，遗漏一些重要内容。

2. 实验材料和方法主要内容

实验材料和方法的主要内容＝Where and How?

在详细说明研究方法之前，先要概述其大致的轮廓，阐明实验设计前程的假定，描述实验工作是怎么进行的。这一部分要回答的主要问题是：你是怎样得到研究资料（如数据、观察记录等）的？你是怎样研究这个问题的？

实验材料和方法部分可按以下方面来描述。

（1）你用了什么，包括：

➢ 实验对象（experimental subject）：一般是人、动物、植物或一些组织等，它们的基本信息要描述明确；要注意 SCI 期刊大多对涉及人或动物的实验都要动物委员会（Institutional Animal Care and Use Committee，IACUC）或伦理委员会（Institutional Review Boards，IRB）通过(示例9-1和示例9-2)。详情见链接：www. grants. nih. gov/grants/olaw/GuideBook. pdf 和 www. hhs. gov/ohrp/irb/irb _ guidebook. htm。方法学一定要做到：临床研究有患者知情同意，通过伦理委员会批准；动物实验符合本大学或研究单位的动物管理与动物实验的章程等。因此，要认真阅读投稿刊物中关于实验的详细规定。如果违反这一规定，可能会不接受评审或发表。要描述实验动物的完整的双名拉丁名（full binominal Latin names）、种系和来源。

示例 9-1　动物实验描述

Animal model

All surgical procedures and postoperative care was performed in accordance with guidelines of the Yale Animal Care and Use Committee. Focal cortical ischemia was induced in male mice(8-10 weeks old) weighing 20-25 g by photothrombosis of cortical microvessels as described previously in detail (Boquillon et al. , 1992; Schroeter et al. , 2002). Each mouse was anesthetized with 2% isoflurane and maintained with 1% isoflurane in an oxygen/air mixture using z gas anesthesia mask in a stereotaxic frame(Stoelting, Wood Dale, IL). The rectal temperature was controlled during surgery at (37±0. 5)℃ with a homeothermic blanket (Harvard Apparatus, Holliston, MA) ....

示例9-2　人体实验描述

Human samples

The experiments were carried out in accordance with the Declaration of Helsinki (2000) of the World Medical Association and the protocols approved by the Institutional Research Review Board at XX Hospital of Beijing University, with informed consent ....

- 实验材料（experimental material）：对材料的描述应清楚和详细。如果采用通用材料和通用方法，只需简单提及。例如，“Details on calculating CBF have been described previously (reference)”或“The CBF was calculated based on the protocol as previously described (reference)”。如果采用改进的特殊材料和实验方法，就应较详细地加以说明。化学药品和试剂的商业来源应该说明，但是公司地址不必写明，如“... poly-l-Lysine (Sigma ＃1309)”。非商业来源的化学药品和试剂必须提供地址，如“The DCX antibody was kindly provided by Peter A. Rice (Buck Institute, La Jolla, CA)”。
- 实验设备（experimental equipment）：要对仪器型号、生产厂家、实验过程中的用途等作详细说明；设备使用时一些必要的步骤不可省略，尤其是可能对实验结果造成特定影响的操作更要详细说明（示例9-3）。这样做的好处是为了在讨论（Discussion）部分中能够进行对应的分析。例如，一些设备在使用前要校正（calibration），有的要求每阶段实验之后都要重新校正，以保证结果的正确性。一定要详细说明操作步骤或校正过程，便于评审人分析结果的可靠性。

示例9-3　实验设备和实验过程与方法的写作

Apparatus

MRI data were acquired at 1.5-T clinical MRI system (Signa, GE Medical Systems) using the product head coil and foam cushions to minimize head movement. A standard 3D inversion recovery prepped T1-weighted spoiled gradient echo (GE) sequence (echo time [TE]/repetition time [TR]=8.6/1.6 ms; field of view [FOV] of 24 mm, 1 mm isotropic resolution) was acquired for anatomical localization and a CSF-nulled T2-weighted FLAIR sequence (TE/TR=11 002/145 ms, FOV 24 mm, slice thickness of 5 mm, 256×192 matrix) was acquired to identify regions of prior cerebral infarction ....

Stroke, 2006, 37: 382-387

（2）实验过程（experimental procedure）：对实验的整个操作流程描述要详略得当、重点突出。应遵循的原则是给出足够的细节信息以便让同行能够重复实验。如果方法新颖且不曾发表过，应提供所有必需的细节；如果所采用的方法已经公开报道过，引用相关的文献即可。叙述时，不要罗列实验过程，而只叙述主要的、关键的，并说明使用不同于一般实验的设备和操作方法，从而使研究成果的规律性更加鲜明。叙述实验经过，通常采用研究工作的逻辑顺序，而不按实验先后顺序，要抓主要环节，从复杂的事物中理出脉络，按其发展变化规律写。

（3）结果的统计处理（How the data were analyzed?）：实验的结果需要进行统计处理时，要提供足够的信息（示例 9-4），包括：

- 实验重复了几次，一般来说实验至少重复 3 次；
- 均值；
- 标准差（SEM）或标准误（SD）；
- 统计分析的方法；
- *P* 值（*P* value）。

示例 9-4　统计分析方法写作

Statistical analysis

The results are presented as mean ± SEM. Statistical analyses were performed with an unpaired Student's *t* test after the demonstration of homogeneity of variance with an *F* test or a one-way ANOVA for more than two groups. The Bonferroni's test was used for *post hoc* testing. The level was 0.05 (two-tailed).

Journal of Neuroscience, 2007, 27(15): 4036-4044

3. 材料和方法写作要点

(1) 描述实验过程应遵循的原则是给出足够的细节信息以便让同行能够重复实验，避免混入有关结果或发现方面的内容（示例 9-5）。

示例 9-5 实验过程方法写作范例-1

Transfections

Transfection assays with lipofectamine reagent(invitrogen) were performed as described(Kovalovsky et al., 2002). RSV-β-gal, coding for the bacterial β-galactosidase gene under the control of the viral RSV promoter, or pRL-Tk(Promega), coding for the *Renilla* luciferase gene under the control of the viral thymidin kinase promoter, were used as second reporter control plasmids.

(2) 写作时要详略得当。遵循的原则是：如果方法新颖且不曾发表过，应提供所有必需的细节；如果所采用的方法已经公开报道过，引用相关的文献即可。如有改进，可用“Briefly”、“In brief”将改进部分另加说明（示例 9-6）。

示例 9-6 实验过程方法写作范例-2

***In Vitro* SUMO Conjugation Assays**

SUMO conjugation assays were performed following the manufacturer's instructions using the Sumoylation Kit from LAE Biotech International. Briefly, assays were carried out in a final volume of 20 μl in reaction buffer containing 20 mmol/L HEPES, 5 mmol/L $MgCl_2$, 2 mmol/L ATP, 7.5 μg/ml E1, 50 μg/ml Ubc9, 50 μg/ml SUMO-1, 1.0 μg of the corresponding substrate protein, and 0.5 μg of recombinant RSUME where indicated. Reaction mixes were incubated at 30℃ for 1 hr and stopped by addition of 20 μl of a 2×Laemmly sample buffer.

(3) 药品和试剂的浓度、什么时候处理的、处理时间的长度等描述也很重要。特别是当条件有变化时。

（4）可以用流程图说明实验过程。流程图的画法很多，有文字式的、有文字和示意图结合的，不同实验有不同做法。一般来说，后者应用较多（实验性学科尤其如此），因为这样能使评审人对实验过程一目了然。如果示意图画得漂亮，还可以增加一些印象分。描述时要有鲜明的层次感，对每个步骤之间的顺序和关联要描述清楚，不要造成实验过程混乱不堪的印象。

（5）不要重复描述。

4. 论文中常存在统计方法选择不当和应用不正确等问题

（1）统计方法描述不清，结论欠科学：文中未交代所用统计方法、统计方法交代不清或根本不予交代，使读者对论文结论的正确与否无法判断。有的作者只提一句“经统计学处理”后，就写出结论。有的甚至直接用 P 值说明问题，笼统地以 $P>0.05$ 或 $P<0.05$、$P<0.01$ 便称结果差异有无显著性，P 值的大小不仅说明差值的大小，它还与抽样误差大小有关。因此，还应写明具体的统计方法，如有特殊情况，还应说明是否采用了校正，应写出描述性统计量的可信区间，注明精确的统计量值（如 t 值、F 值和 u 值等）和 P 值，然后根据 P 值大小作出统计学推断，并作出相应的专业结论。

（2）* 统计检验方法应用不正确，具体表现在：

- t 检验误用于多组资料比较。
- 成组 t 检验与配对 t 检验误用。
- 对于偏态分布的数据采用 t 检验或方差分析。
- 四格表的检验误用，构成了比和率的误用，非正态分析资料用 ±SM 方式来描述。

这些错误的方法必然导致错误的结论。正确的做法是配对设计的计量资料宜选用 t 检验。t 检验和方差检验只能用于正态分布的数据中。当方差不齐，应选用近似的 t 检验。若为大样本（$n>50$），可选用 u 检

* 更详细内容可以参考下列文献。

1. 胡良平，童中彪，刘惠刚，等．2004．医学论文中统计分析错误辨析与释疑．中华医学杂志，84（12）：1046-1048.

2. 隋虹，刘艳，乔虹，等．2003．论文中常见统计学问题的分析——统计资料的表达和描述．中国地方病学杂志，4（7）：376-378.

验。多组间均数比较时，如果资料呈正态分布，且方差呈齐性时，应该用方差分析（也称为 ANOVA 分析或 F 检验）。要研究某两个或某几个总体均数是否相等，还要在方差分析的基础上进一步作两两比较的 q 检验（也称为 Studnet-Newman-Keuls 检验）。当多个观察组与一个对照组进行均数间比较时，应作 Dunnett t 检验。

5. 材料和方法写作时态运用

（1）若描述的内容为不受时间影响的事实，一般用现在时（示例 9-7）。

示例 9-7

Spontaneous dissection of the cervical internal carotid artery（sICAD）is an important cause of ischemic stroke in young adults.

（2）若描述的内容为特定、过去的行为或事件，则采用过去时（示例 9-8）。

示例 9-8

Ultrasound studies were performed on an emergency basis by a vascular technician or a resident，and supervised by K. J.. The sonographer was blinded to the results of cervical MRI and angiography.

（3）方法部分的焦点在于描述实验中所进行的每个步骤及所采用的材料。由于所涉及的行为与材料是讨论的焦点，而且读者已知道进行这些行为和采用这些材料的人就是作者自己，因而一般都习惯采用被动语态（示例 9-9）。

示例 9-9

［推荐］ The samples were immersed in an ultrasonic bath for 3 min in acetone followed by 10 min in distilled water.

［不推荐］ We immersed the samples in an ultrasonic bath for 3 min in acetone followed by 10 min in distilled water.

(4) 如果涉及表达作者的观点或看法，则应采用主动语态（示例 9-10）。

示例 9-10

[推荐]　For the second trial, the apparatus was covered by a sheet of plastic. We believed this modification would reduce the amount of scattering.

[推荐]　For the second trial, the apparatus was covered by a sheet of plastic to reduce the amount of scattering.

[不推荐]　For the second trial, the apparatus was covered by a sheet of plastic. It was believed that this modification would reduce the amount of scattering.

(5) 力求语法正确、描述准确。由于材料和方法部分通常需要描述很多的内容，因此通常需要采用很简洁的语言，故使用精确的英语描述材料和方法是十分重要的。需要注意的方面通常有以下几个。

➢ 不要遗漏动作的执行者（示例 9-11）。

示例 9-11

Having completed the study, the bacteria were of no further interest. 显然，the bacteria 不会来 completed the study。

➢ 在简洁表达的同时要注意内容方面的逻辑性（示例 9-12）。

示例 9-12

Blood samples were taken from 48 informed and consenting patients ... The subjects ranged in age from 11 months to 22 years. 其中的语法没有错误，但 11 个月的婴儿可能不能签知情同意书。

➢ 如果有多种可供选择的方法能采用，在引用文献时提及具体的方法（示例 9-13）。

示例 9-13

"cells were broken by as previously described" 不够清楚，应改为：

"cells were broken by ultrasonic treatment as previously described"。

➢ 普通、简单的过程不必详细描述（示例 9-14）。

示例 9-14

［不推荐］ The petri dish was placed on the turntable. The lid was then raised slightly. An inoculating loop was used to transfer culture to the agar surface. The turntable was rotated 90 degrees by hand. The loop was moved lightly back and forth over the agar to spread the culture. The bacteria were then incubated at 37℃ for 24 h.

［推荐］ Each plate was placed on a turntable and streaked at opposing angles with fresh overnight *E. coli* culture using an inoculating loop. The bacteria were then incubated at 37℃ for 24 h.

［推荐］ Each plate was streaked with fresh overnight *E. coli* culture and incubated at 37℃ for 24 h.

➢ 避免使用含糊不清的描述（示例 9-15）。

示例 9-15

［不推荐］ A Spec 20 was used to measure A600 of Tubes 1,2 and 3 immediately after chloroplasts were added(Time 0)and every 2 min,thereafter until the DCIP was completely reduced. Tube 1's A600 was measured only at Time 0 and at the end of the experiment. 读者不知道句子中的 Tubes 1,2 and 3代表什么。

［推荐］ 如改为"A Spec 20 was used to measure A600 of the reaction mixtures exposed to light intensities of 1500,750 and 350 uE·m^{-2}·s^{-1} immediately after chloroplasts were added(Time 0)and every 2 min, thereafter until the DCIP was completely reduced. The A600 of the no light control was measured only at Time 0 and at the end of the experiment."则更容易理解。

第 10 章

如何书写 SCI 论文的研究结果

研究结果（Result）是一篇论文的核心（the core of the paper），其水平标志着论文的学术水平或技术创新的程度，是论文的主体部分。总的要求是必须实事求是、客观真实、准确地用说明性材料（图和表）描述主要成果或发现。文字描述要合乎逻辑、层次分明、简练可读。有人把 Result 和 Discussion 放在一起写，但是大多数论文要求分开叙述。这两种做法取决于论文的类型，比如论著（research article）和快报（rapid communication）。有一些 SCI 期刊的 rapid communication 要求 Result 与 Discussion 合并。

1. 研究结果写作要点

研究结果写作的主要内容＝What did you find?

研究结果写作框架见示例 10-1。

研究结果写作要点包括：

（1）言简意赅（be concise）。对实验或观察结果的表达要高度概括和提炼，不能简单地将实验记录数据或观察事实堆积到论文中，尤其是要突出有科学意义和具代表性的数据，而不是没完没了地重复一般性数据。

示例 10-1

Question to address:	How to address it:
What did you observe?	For each experiment or procedure: • **Briefly describe experiment** without detail of Methods section (a sentence or two). • **Report main result**(s), supported by selected data: ○ **Representative**: most common. ○ **Best Case**: best example of ideal or exception.

(2) 避免重复（avoid repetition）。决定哪些内容纳入结果部分，哪些内容迁移到 Discussion 部分。在结果部分，你只描述结果，一般不作解释。在 Discussion 部分进行解释，并与已知的报道比较，不要重复所有结果。

(3) 对实验或观察结果要客观地评价。你观察到什么？或你发现了什么？对每个实验或程序要：

➢ 简述实验（没有详细方法）：如“By Western blot analysis, we found that ...”。

➢ 报告的主要结果（main result）：包括预期结果（positive result）和阴性结果（negative result）。

➢ 典型实例：最常见的（most common）。

➢ 最佳案例．最理想的例证（best example of ideal or exception）。

(4) 研究结果是表达作者思想观点最重要的部分，为表达清楚，多数研究结果必须分成若干个层次来写。有的研究结果会分成若干个自然段。注意一个自然段只能表述一个中心意思。也可以分成若干个小标题进行分层表述。但不论是分成若干个自然段，还是用小标题进行表述，都要注意层次之间的逻辑关系。多结果的逻辑排列，应遵循以下原则。

➢ 从最重要到最不最重要（from most to least important）。

➢ 由简单到复杂（from simple to complex）。

➢ 按相同类排列，如 organ by organ、chemical class by chemical class。

➢ 写作应按研究问题的逻辑关系来写，不应按实验或试验的时间顺序来写。

（5）数据表达可采用文字与图、表相结合的形式。如果只有一个或很少的测定结果，在正文中用文字描述即可；如果数据较多，可采用图、表形式来完整、详细地表述，文字部分则用来指出图、表中资料的重要特性或趋势。

（6）一般不解释原始数据（do not interpret the data）。如果论文中还包括独立的 Discussion 部分，应将对研究结果的详细讨论留到该部分（示例 10-2和示例 10-3）。

示例 10-2

［结果没有解释］The duration of exposure to running water had a pronounced effect on cumulative seed germination percentages（Fig. 2）. Seeds exposed to the 2 day treatment had the highest cumulative germination（84％），1. 25 times that of the 12 h or 5 day groups and 4 times that of controls.

［带有解释性］The rcsults of the germination experiment（Fig. 2）suggest tha the optimal time for running-water treatment is 2 days. This group showed the highest cumulative germination（84％），with longcr（5 d）or shorter（12 h）exposures producing smaller gains in germination when compared to the control group.

示例 10-3

The following observations were made as a result of experiments conducted by Casey Hospital with respect to four types of *E.coli* bacterial strains.

The graph illustrates that 5 mg/ml. of chloramphenicol stopped the growth of two strains of *E. coli;* EC 1 and EC 3. It also illustrates that the 5 mg/ml of chloramphenicol had little to no effect on the EC 2 strain of *E. coli* and had a minimal effect on EC 4 strain of *E. coli* as the colony sizes were near maximum of the standard result. This shows that 5mg/ml chloramphenicol is an effective antibiotic against EC 1 and EC 2 strains of *E. coli* .

...The main point of Figure 4 is that a combination of 5 mg/ml of chloramphenicol and 5 mg/ml Streptomycin can effectively reduce the numbers of EC 4 colonies, compared to only one of the antibiotics being present at any one time shown in Figure 2 and 3 respectively. These results show that the Casey Hospital should use both 5 mg/ml of chloramphenicol plus 5 mg/ml of streptomycin in targeting the four strains of *E. coli*. Due to EC 4 having resistance to both antibiotics there is need for experimentation in finding an antibiotic which EC 4 is not resistant to.

重点是图而不是结果。哪个图？　　带有解释性

示例 10-3 修改后：

On observation of each strain of *E. coli*，it was apparent that all treat-ments used a deterring effect on the growth of *E. coli* colonies but some treatments were more effective on particular strains than others（see Figure 1).

E. coli strain 1（EC 1）tended to be the most sensitive as it produced no colonies on any of the treated plates（see Figure 1）*E. coli* strains 2 and 3（EC 2 and EC 3）tended to have an intermediate sensitivity to antibiotic treatments. EC 2 was more resilient towards the chloramphenicol treatment，and EC 3 was more resilient towards the streptomycin treatment. Although colonies were detected on each treatment type，the average number of colonies per plate was significantly lower than that of the control plates. No colonies were detected on the combination treatment（see Figure 1）. *E. coli* strain 4（EC 4）tended to be the least sensitive overall，as it produced colonies on all treatment plates，even though it was more sensitive to the individual treatments，compared to EC 2 and EC 3（see Figure 1）....

（7）文字表达应准确、简洁、清楚。避免使用冗长的词汇或句子来

介绍或解释图、表。为简洁、清楚起见，不要把图、表的序号作为段落的主题句，应在句子中指出图、表所揭示的结论，并把图、表的序号放入括号中（示例10-4）。

示例10-4

[不推荐]　Figure 2 shows that neurons were distinguished from astrocytes by the selective labeling of astrocytes with SR-101.

[推荐]　Neurons were distinguished from astrocytes by the selective labeling of astrocytes with SR-101（Fig. 2).

[不推荐]　The results are given in Figure 1.

[推荐]　Temperature was directly proportional to metabolic rate (Fig. 1).

(8) 避免赘述。避免同样的数据出现在图和表。

(9) 尽量用均值、百分数等概括原始数据值（raw data)。

(10) 报告数据或统计资料时，应该赋予适当的单位（appropriate unit)（示例10-5)。

示例10-5

单个数据“The maximum time was 140 min”。

多位数据需要加上误差（error value)，如“... was (10±2.3) h”。

一系列的数字都具有相同的单位，在尾数加单位（unit)，如“No differences were observed after 2,4,6or 8 h of incubation”。

2. 研究结果写作时态的运用

(1) 叙述研究结果的内容，通常采用过去时（示例10-6)。

示例10-6

After flights of less than two hours, 11% of the army pilots and 33% of the civilian pilots reported back pain.

(2) 图、表为主语时，常用一般现在时(示例 10-7)。

示例 10-7

Figure 2 shows the variation in the temperature of the samples over time.

(3) 对研究结果进行说明或由其得出一般性推论时，多用现在时(示例 10-8)。

示例 10-8

The higher incidence of back pain in civilian pilots may be due to their greater accumulated flying time.

(4) 不同结果之间或实验数据与理论模型之间进行比较时，多采用一般现在时(这种比较关系多为不受时间影响的逻辑上的事实)(示例 10-9)。

示例 10-9

These results agree well with the findings of Smith, *et al*.

3. 研究结果写作语态

结果部分以被动语态为主。可以穿插主动语态(示例 10-10)。

示例 10-10

To address the question of whether astrocytes lead or follow in the propagation of SD, we analyzed the time of onset of the fast [Ca^{2+}] transients in neighboring astrocytes and neurons to determine whether the wave occurs first in neurons or in astrocytes. (主动语态)

第 11 章

如何正确表达 SCI 论文中的图和表

虽然文字是 SCI 期刊表述的主要手段，但在表达结果方面，图和表（figure and table）比文字更具直观性，且简单明了，避免了冗长的文字叙述。图和表是展现研究结果最有效的方式。它能够以较小的空间承载较多的信息，直观、高效地表达复杂的数据和观点，使读者理解文章所叙述事物的形态及变化规律，补充文字叙述的不足；尤其是在描述变量间的相互作用或非线性关系时，用插图来表达是非常有效的。有时，它也能够把用语言文字难以表述清楚的内容，简明地呈现出来，使论文内容表达得更合理、更完善。要记住“一图胜千言”（a picture is worth a thousand words）。

1. 插图的类型

SCI 论文中的插图种类很多，常用的有以下几种。

（1）线形图（line graph）：用于说明两个变量（two variable）之间的定量关系和趋势（trend and relationship between data）。自变量（independent variable）标在 *X* 轴上（*X*-axis），因变量（dependent variable）标在 *Y* 轴上（*Y*-axis），常用于显示连续性变化。线形图中的线条数目一般不超过 5 条，但无论几条，都应以能够清晰分辨为原则。线形图常见类型（示例 11-1 和示例 11-2）。

示例 11-1 单线条线形图

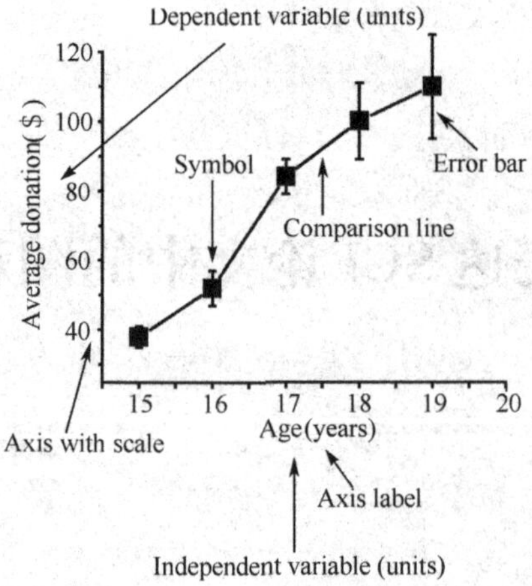

示例 11-2 多线条线形图*

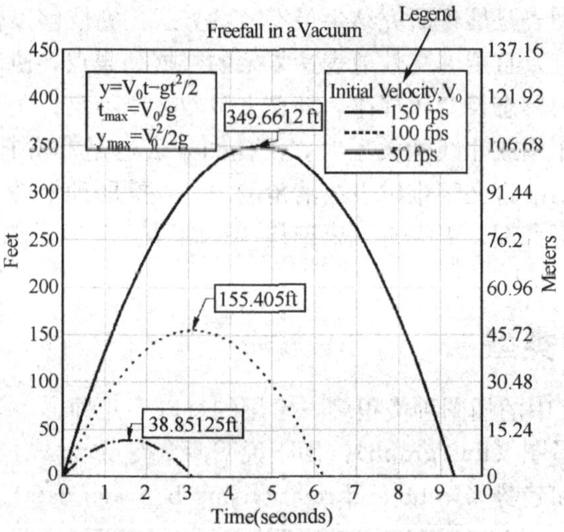

线形图要求：

➢ 线条清晰简洁。

---

* http://www.dplot.com

➢ 图中的文字、标值应易于辨认。
➢ 坐标轴旁的标目中应包含测量单位。
➢ 表示不同变量的符号容易区分。
➢ 纵坐标标目的文字方向与坐标轴相垂直。

（2）条形图或直方图（bar graph or histogram）：当自变量是分类数据时，可以采用条形图或直方图来说明自变量的关联。条形图或直方图主要用于揭示变化幅度（change in magnitude），而线形图主要用来显示改变方向或趋势（change in direction）。条形图或直方图可以是横向也可以是纵向。每条代表一类数据，条的长短表示数据的大小。有时一类变量又分几个水平，就需要用相应数量的条来表示。常见条形图具有下列类型。

➢ 竖式条形图（vertical bar graph）（示例 11-3）。
➢ 叠式条形图（stacked bar graph）（示例 11-4）。
➢ 点式条形图（dot graph）。

示例 11-3　竖式条形图

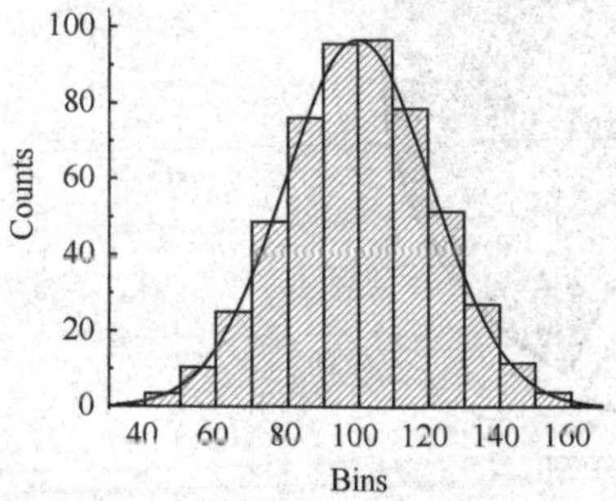

示例 11-4　叠式条形图

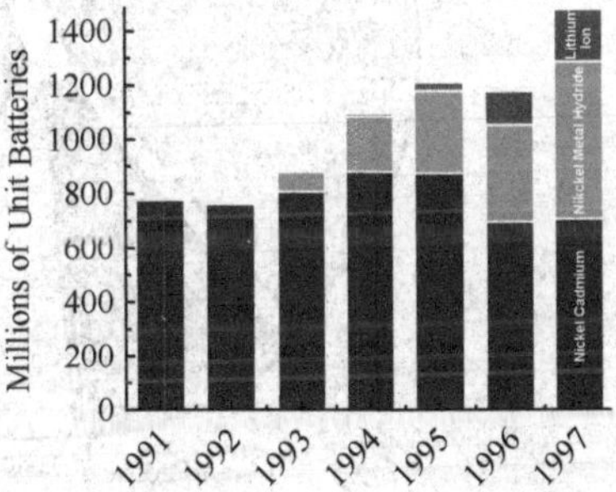

条形图或直方图的要求：
➢ 不同的条有明显区分。
➢ 坐标轴上的刻度易于辨认，纵坐标轴的标目包含测量单位。
➢ 纵坐标轴的长度至少和最长条的长度相等。
➢ 图中的文字、数字应易于辨认。
➢ 纵坐标标目的文字方向与坐标轴相垂直。

（3）饼形图或百分比图（pie or percentage graph）：是用来显示各

种数字比例关系的统计图。把单位圆视为100%，各种成分的数量按在整体中所占的份额在圆中显示。在用于对比几个数据在其形成的总和中所占比例时最有用。尽管饼形图易学好用，但在实际工作中使用比较少。其原因：首先，比较的项目一般不能超过6个，否则，图形会太复杂难以理解；其次，当比较的数据很接近时，就很难看到各部分差异。突出各部分差异的较好方法之一是从明到暗用不同的线或点给各个部分涂上阴影，最小的部分最黑；或用不同的颜色来表明。制图的计算方法：百分比÷100×360度=多少度。示例11-5是饼形图的常见类型。

示例11-5　饼形图

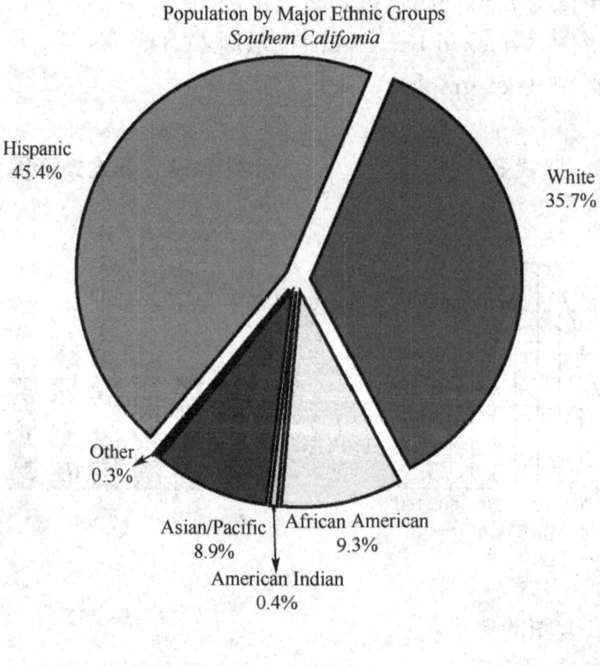

（4）散点图（scatter graph，scatterplot）：由若干个点组成，这些点对应于平面直角坐标系中的纵、横轴两个变量，表示某个事件的数值。通常用于比较跨类别的非重复值。可从点的位置判断测量值的高低、大小、变动趋势或变化范围。散点图加入曲线，可以看到趋势。如果所有的点构成一个条形，则说明存在相关关系。例如，沿着斜线的一组点意味着线性相关，如果所有点都落在一条斜线上，那么其相关系数为 1.00。

示例 11-6 是散点图的类型。

示例 11-6　散点图

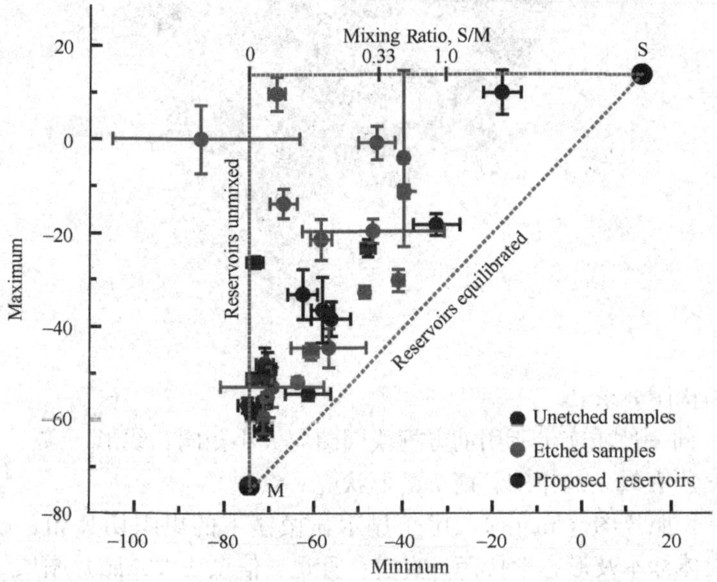

（5）结构图（structure graph）或流程图（flow chart）：能够描述操作过程的步骤之间、小组内各部分之间的关系，结构图经常是方块或圆圈与线连用。例如，组织结构图可以显示成员间的等级，流程结构图显示一个过程中的各个步骤，模型结构图可以显示不同变量之间的关系。

示例 11-7　结构图

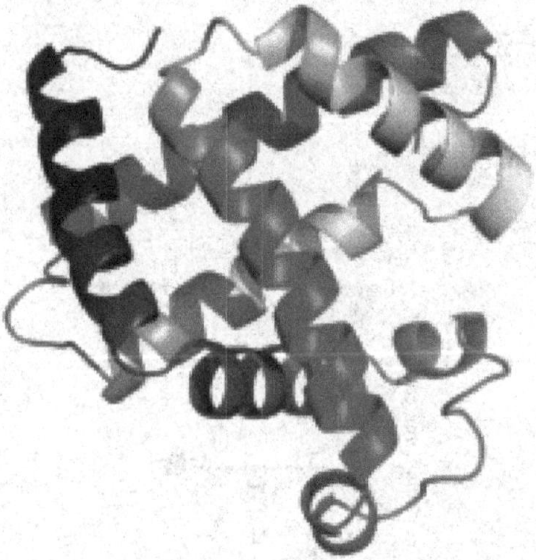

结构图要求：

➢ 同一性质变量所用的方框或圆圈应大小相同，线形一致。

➢ 所有线条的粗细、箭头的形状应一致。

(6) 照片图（image）：用于显示显微镜下的组织切片相、放射影相、大体标本及形态学特征，真实、直观、信息量大。照片图质量的好坏，是决定论文能否发表的一个重要因素。

照片图要求：

➢ 清晰度高，对比度好。

➢ 组织切片照片应标明比例尺和染色方法。

➢ 实物照片为表明实物大小，应将比例尺同时拍在照片上。

➢ 要对比强烈、重点突出。

2. 插图的特性

SCI论文中插图的特性有：

- 图形的示意性。从图中得出各量值之间的精确关系。
- 内容的写实性。反映变化规律、各量值之间的相互变化关系。
- 表达的规范性。图中的线型、符号、文字等应符合有关标准的规定和公认的习惯。在同一篇文章中，同一性质插图的字体、字号，主、辅线条粗细，单位符号等要相同。

3. 插图要求

图易于进行比较、说明问题。侧重表现关联、趋势、因果关系等。使用时应少而精，要绘制得清晰、简明、大方、美观，使人通过看图能够加深对内容的理解。

(1) 图应具有自明性（self-explanatory），即只看图、图解和图例，不阅读正文，就可理解图意。

(2) 补充而不是重复文字的描述。

(3) 描述最基本、最重要的事实。

(4) 简明，省略不必要的细节。

(5) 插图应有图序和图题。一篇文章只有一个插图者也应用序号，即 Figure 1 (Fig. 1)。图题应简短、准确。

(6) 线条图应线条清晰、粗细均匀、比例适当。

(7) 照片图应图像清晰、层次分明、反差适度。

(8) 插图均另纸附于文后（submission by mail），或另存为 JPEG 或 TIFF 文件（online submission），并在文章中相应正文段落后标示其位置。

4. 插图的设计

利用插图表达结果时，应对插图进行精心设计，使图面的比例适当，清晰美观。

(1) 标目是用来说明坐标轴的含义的，应该与被标注的坐标轴平行，居中排印在坐标轴和标值的外侧，文字方向与坐标轴方向相垂直。图中的字（标记轴等）应该为小写类型，第一个字母大写，没有句号。

(2) 标值是坐标轴定量表述的尺度。标值应防止标注得过分密集，而使数码前后连接，辨识不清。标值排印在坐标轴外侧，紧靠标值短线的地方。为了清晰，标值的数字应尽量不超过 3 位数。因此，要认真选取标目中的单位，如用 3 kg 代替 3000 g，用 5 μg 代替 0.005 mg 等。坐标轴上的标值范围是根据图形的数据确定的，但坐标轴上标值的间距则是任选的，不同的选择将使同一条曲线有不同的形状。因此，标值的确定应考虑以下几点。

- 选择适当的标值，以便所描绘的曲线能涵盖整个数据。

➢ 选择适当的标值间距，以便所描绘的曲线能正确反映数据。因为两个坐标轴的标值间距不适当将会扭曲数据的显示。

➢ 如果坐标轴上的测量单位不是从0开始的，那么用“//”符号在坐标轴上分段。

(3) 变量相同的几根曲线应绘制在一幅图内。

(4) 对于同一篇论文中的多幅插图来说，应尽量使插图的各要素相互统一，尤其在使用相同变量的标目、标值、图例等时应相互一致。

(5) 照片图或设计图需注明尺寸大小及长度单位。

(6) 图中的缩略语、符号必须与正文中的一致。

(7) 论文的插图和附表不宜太多，只附最必要的。

(8) 图幅的大小与图内所提供的信息量相匹配，不至于使图面感到空旷或拥挤。

(9) 插图的大小和比例。

➢ 插图要按期刊的版面大小比例进行压缩。除特殊要求外，图的大小必须要限定在期刊的版心之内。*Nature* 杂志可印的区域是 183 mm×247 mm。

➢ 同类型或同等重要的图的大小应该尽可能地保持一致，单位刻度相同。

➢ 可以把类似的图（如两个图的纵坐标轴相同）合并起来。

(10) 图内的线型与符号、数字等比例适当。

(11) 图中线条不宜过细或过粗，过细容易在制版过程中断线，过粗显得笨粗难看。

(12) 图应按其在正文中出现的顺序标号，每一幅图应有简短确切的题名。

(13) 绘制插图时，除非特殊需要，不要为了追求效果而增加一些无意义的细节，如把二维的条形图画成三维的柱形图。

(14) 有复合图时，每一幅图应该是清楚地被标记为 A（a）、B（b）、C（c）等。

(15) 氨基酸和核苷酸序列应该考虑用图而不是表。

5. 表格

表格是记录数据或事物分类等的一种有效表达方式，具有简洁、清晰、准确的特点；逻辑性和对比性很强。因而表格在SCI论文中被广泛采用。其正确性直接影响论文的信息传播功能。表格的种类较多，主要有示意表、统计表、说明对照表等。适于呈现较多的精确数值或无明显规律的复杂分类数据，以及对平行、对比、相关关系的描述，但缺乏趋势。

1）表格的基本结构

SCI 期刊常使用三线表（一般没有竖线），即只有表格顶线、栏目线和底线。表制版容易，显示简练。

三线表的规范格式（示例 11-8）。

(1) 表序和表题：表序即表格的序号。表题即表格的名称，应准确得体，用简短精练的文字来表达表题，连同表号置于表格顶线上方。表序和表题常用黑体字。

(2) 表头：是指表格顶线与栏目线之间的部分，表明表格内的项目或反映了表身中该栏信息的特征或属性。

(3) 表身：栏目线与底线之间为表身，是表格的主体。

(4) 表注：必要时，应将表中的符号、标记、代码及需要说明的事项，以最简练的文字，作为表注横排底线下方。

示例 11-8 三线表的基本结构

表序 表题 顶线 项目栏 栏目线 表身 底线 注/说明

Table 2. Immunocytochemical characterization of GAD-67+cells in the adult hippocampus

	PV		DC		SOM	
	P8	P40	P8	P40	P8	P40
DG						
GL	23 ± 4	52 ± 5	0	67 ± 7	71 ± 7	58 ± 8
HL	14 ± 4	30 ± 4	9 ± 3	78 ± 5	68 ± 5	74 ± 6
CA3						
SR	11 ± 3	45 ± 8	12 ± 3	76 ± 5	67 ± 6	66 ± 3
SP	11 ± 2	53 ± 6	15 ± 3	67 ± 4	76 ± 2	72 ± 7

Percentages of GAD-67+ cells labeled with each marker are shown. Values represent mean ?SEM obtained from four different brains (six tissue sections per brain).

2）表格要求

➢ 一篇文章中不是表格越多越好，而是要根据其必要性进行精选。

如果用一两句话即可说明的内容就不必列表格；如果采用多组数据表格说明同一现象，就会造成表格本身的重复；应该选择一组最准确、最有说服力的表格，而将重复的表格删除。如果文字叙述与图和表格相重复，也应该只保留三者中最合适的一种表述方式，这样才能使文章简洁、精练。

- 表格的设计应该科学、明确、简洁，重点突出、表达规范。表格应按其在正文中出现的顺序标号，序号用阿拉伯数字表示，如 Table 1、Table 2。即使只有一张表格也要标 Table 1。
- 表格中的缩略词和符号必须与正文中的一致。
- 表格内同一栏的数字必须上下对齐。表格内不宜用“same as above”和类似词，一律填入具体数字或文字。例如，“N/A”代表未测或无此项，“—”代表未发现，“0”代表实测结果确为零。
- 表格中的参数应标明量和单位的符号。如果所有栏或大部分栏的单位相同，可将该单位标注在相应的栏内。
- 表格内，应该使用相同的小数位。例如，3.4、2.56 和 1 的正确表达应该是 3.40、2.56、1.00。

3）表格编排

表格要作为一个独立的信息单位另页打印。在正文内，每幅图或表格应按其出现的顺序标号（示例 11-9）。

示例 11-9

“... as shown in Table 8, the responses ....”

“... children with pretraining (Table 8) ....”

不要写成“the table above/below”或“the table on page 38”。

6. 图解（Figure Legend）的要求

（1）Figure Legend 要另页双行打印。排在表格或参考文献后面。也就是说 Figure Legend 排在论文的最后。Figure Legend 不要排在插图下面。

（2）图序即插图的序号。根据插图在正文中被提及的顺序，用阿拉伯数字进行排序，如 Figure 1、Figure 2 等，并尽量把图安排在靠近第一次提及它的位置。

(3) Figure Legend 不应该包含方法细节，应不超出 100 个字。如果 SCI 论文没有方法部分，Figure Legend 应该少于 300 个字。

(4) 图题即插图的标题，要求简明准确，要有较好的说明性和专指性，不要为追求形式上的简洁而选用过于泛指的图题。

(5) 图中未能表达又必须要表达的信息应在图注中说明，如需要解释的度量单位、符号及缩略语等。不应该让读者去参考正文才能理解插图的信息。如果你的插图包含误差线，那么还需要说明它们是标准误、标准差、信度边界还是数值范围，这有助于定义所采用样本的大小。如果在图中标出了显著性的值，那么在图注中就要说明。

(6) 当插图中有箭头（arrow）、符号（symbol）、数字（number）或字母（letter）时，要在这部分（不是在插图页上）对其方向、位置等作出非常明确的说明（示例 11-10）。

示例 11-10　照片图结构描述

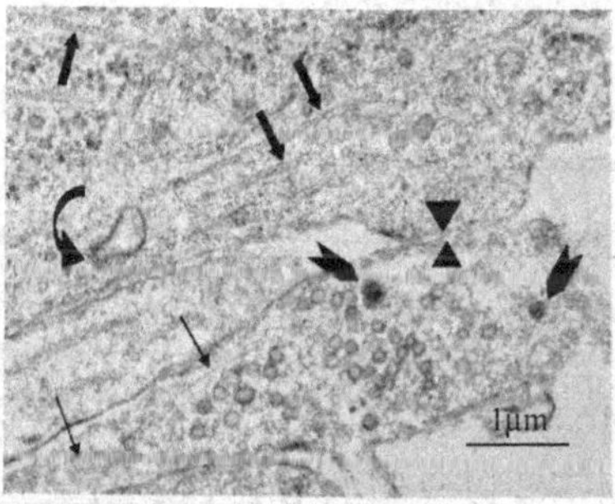

Figure 2.　Electron micrograph of a dispersed rat cortical neuronal culture showing typical neuronal characteristics. The upper neuronal element contains prominent polyribosomes, microtubules (straight arrows), and a clathrin-coated vesicle (curved arrow). The lower neuronal process exhibits neurofilaments (thin arrows), dense-core granules (notched arrows) and typical synaptic vesicles, but no specializations of the apposed membranes (filled triangles) at this level.

7. 照片图分辨率

SCI 论文投稿最重要的莫过于图片的处理。一般 SCI 期刊要求图片的最低分辨率为 300 dpi，部分期刊要求不低于 600 dpi；点线图及柱状图部分期刊要求分辨率达 800 dpi 甚至 1200 dpi。期刊要求的分辨率是指原始图片的分辨率，经过 Photoshop 处理后修改图片的分辨率（转成大分辨率）是不行的。分辨率只能从大的转到小的，否则那个是“伪分辨率”，实际上没那么大。

dpi是dots per inch（每英寸所打印的点数）的缩写，是打印机、鼠标等设备分辨率的单位。这是衡量打印机打印精度的主要参数之一，一般来说，该值越大，表明打印机的打印精度越高。dpi是指每英寸的像素，也就是扫描精度。国际上都是计算1平方英寸*面积内像素的多少。dpi越小，扫描的清晰度越低，由于受网络传输速度的影响，网络上使用的图片都是72 dpi，但是冲洗照片不能使用这个参数，必须是300 dpi或者更高，即350 dpi。例如，要冲洗4×6英寸**的照片，扫描精度必须是300 dpi，那么文件尺寸应该是(4×300)×(6×300)＝1200像素×1800像素（示例11-11）。

示例11-11　照片图的像素和清晰度

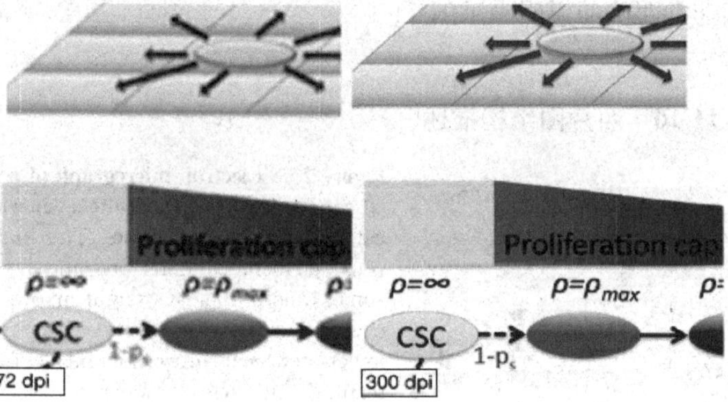

可以用PowerPoint（PPT）或Photoshop软件组图。如果用PPT组图，图片要以插入的形式到PPT中而不要以复制的形式到PPT，这样能很好保证原始图片的分辨率（resolution），通过PPT将文件另存为TIF或JPG图片格式。但是如果你直接将幻灯片存储为图片，你会发现其图片的分辨度只有96 dpi，远达不到期刊所要求的分辨度。这是因为PPT的默认设置只有96 dpi，你需要修改注册表。如果你从未进行过注册表操作，就应当记住修改注册表如果不适当，会让程序甚至操作系统失去控制，一定严格按下面提及的方式操作。若要更改导出的分

* 1平方英寸＝0.092903m²，后同

** 1英寸＝30.48cm，后同

辨率，请执行以下步骤。

步骤 1：更改导出的分辨率设置

（1）退出所有基于 Windows 的程序（program）。

（2）单击【Start】，然后单击【Run】。

（3）在打开框中，键入 注册表编辑器（regedit）然后单【Ok】。

（4）找到下面的注册表子项，具体取决于你所使用的 PowerPoint 版本。

PowerPoint 2013

HKEY _ CURRENT _ USER \ Software \ Microsoft \ Office \ 15.0 \ PowerPoint \ Options

PowerPoint 2010

HKEY _ CURRENT _ USER \ Software \ Microsoft \ Office \ 14.0 \ PowerPoint \ Options

PowerPoint 2007

HKEY _ CURRENT _ USER \ Software \ Microsoft \ Office \ 12.0 \ PowerPoint \ Options

PowerPoint 2003

HKEY _ CURRENT _ USER \ Software \ Microsoft \ Office \ 11.0 \ PowerPoint \ Options

（5）单击“选项”子项，在【Edit】菜单上，指向【New】，然后单击【DWORD value】。

（6）键入 ExportBitmapResolution，然后按【Enter】键。

（7）请确保选择了【ExportBitmapResolution】，然后再单击【Edit】菜单上的【Modify】。

（8）在编辑 DWORD 值对话框中，单击【Decimal】（十进制值）。

在“数值数据”（value data）框中键入所需如分辨率的值 300 或使用下表（示例 11-12）中的参数。

示例 11-12

十进制值	全屏幕像素（水平×垂直）	宽屏幕像素（水平×垂直）	以每英寸点数（水平和垂直）
50	500×375	667×375	50 dpi
96（默认值）	960×720	1280×720	96 dpi
100	1000×750	1333×750	100 dpi
150	1500×1125	2000×1125	150 dpi
200	2000×1500	2667×1500	200 dpi
250	2500×1875	3333×1875	250 dpi
300	3000×2250	4000×2250	300 dpi

（9）单击【Ok】。

（10）在文件菜单（file）上，单击【Exit】以退出注册表编辑器（示例 11-13）。

示例 11-13

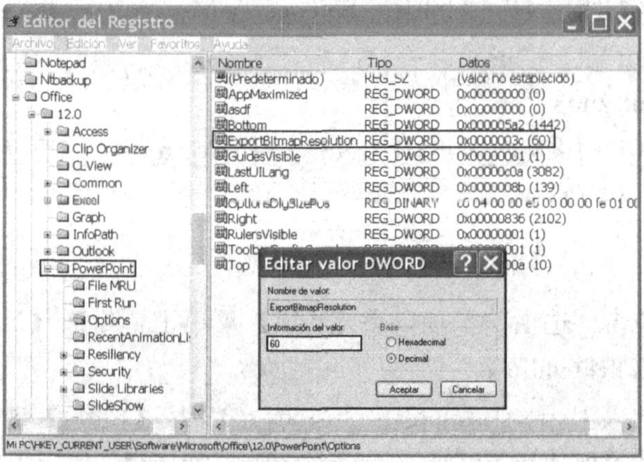

步骤 2：将幻灯片作为图片导出

（1）在 PowerPoint 中，打开幻灯片的演示文稿，然后打开要导出的幻灯片。

（2）在“文件”菜单上，单击【Save as】。

（3）在【Save as】框中，选择以下图片格式之一：

- GIF 图形交换格式（*.gif）
- JPEG 文件互换格式（*.jpg）
- PNG 可移植网络图形格式（*.png）
- TIFF 标记图像文件格式（*.tif）
- 设备无关的位图（*.bmp）
- Windows 图元文件（*.wmf）
- 增强 Windows 图元文件（*.emf）

注意：将你可能需要更改的图片保存在框中的位置，你还可以更改在文件名称框中的图片的名称。

（4）单击【Save】，系统提示你使用下面的对话框（示例 11-14）。

示例 11-14

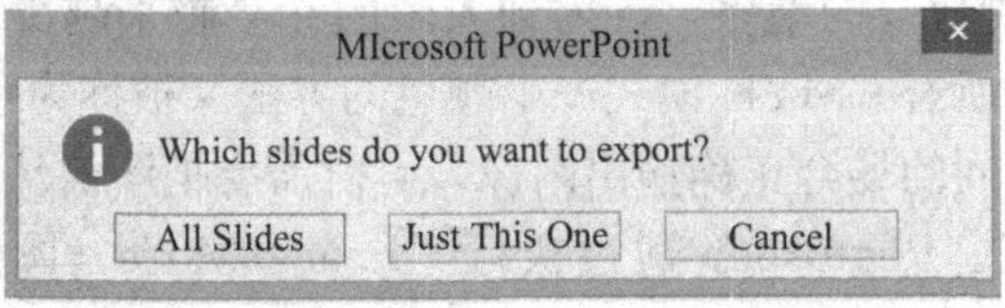

单击【Just This One】（仅当前幻灯片）。幻灯片保存为新的格式和分辨率，以保存在框中指定的位置。

（5）若要验证指定分辨率保存的幻灯片，右键单击该图片，然后单击【Properties】。

上述操作对一般要求够用，然而，还会有不够用的情况，如果期刊要求比 300 dpi 更高的图像呢？或图像的高或宽超过 10 英寸，用 PPT 产生的图像就达不到 300 dpi 这个最低要求。那样，可以考虑用 Photoshop、Illustrator 或 CorelDRAW 软件。

例如，用 Photoshop 将图组合起来：在 Photoshop 中分别打开原始图片（最好分辨率调为一样），再新建一个空白画板（点新建即可）。分别从原始图片中选取你要的区域（定义选区大小固定，以使图片大小一致），菜单—Copy，转到新建画板，菜单—Paste，图片即拷到新建画板上，所有的图片都拷完后，将新建画板选为活动窗口，可在右下角“图层”选型卡中看到所有图片图层。左点“选图层”选型卡中你希望移动的图层（必须先点才能移动），再左点左面快捷工具框中的移动工具即可移动图片，在视图中打开网格，就能较为精确对齐。排列完后，合并所有图层，保存即可。不推荐图与 Figure Legend 一起编辑，那样放大或缩小图片字母很可能会模糊。

8. 图和表的大小和格式

在投稿时，有些期刊要求彩图必须是 CMYK 模式。CMYK 颜色模式是一种印刷模式。其中 4 个字母分别指 cyan、magenta、yellow、black，在印刷中代表 4 种颜色的油墨。CMYK 模式在本质上与 RGB 模式（三原色光模式）没有什么区别，只是产生色彩的原理不同，在 RGB 模式中由光源发出的色光混合生成颜色，而在 CMYK 模式中 由光线照到有不同比例 C、M、Y、K 油墨的纸上，部分光谱被吸收后，反射到人眼的光产生颜色。由于 C、M、Y、K 在混合成色时，随着 C、M、Y、K 4 种成分的增多，反射到人眼的光会越来越少，光线的亮度会越来越低，所有 CMYK 模式产生颜色的方法又被称为色光减色法。

为了在不同的场合正确输出图像，有时需要把图像从一种模式转换为另一种模式。Photoshop 通过执行“Image/Mode（图像/模式）”子菜单中的命令，来转换需要的颜色模式。

如果将 RGB 模式的图像转换成 CMYK 模式，图像中的颜色就会产生分色，颜色的色域就会受到限制。因此，如果图像是 RGB 模式的，最好选在 RGB 模式下编辑，然后再转换成 CMYK 图像（示例 11-15，源自 *Nature* 作者指南）。

示例 11-15 RGB 图像转换成 CMYK 模式影响图像质量

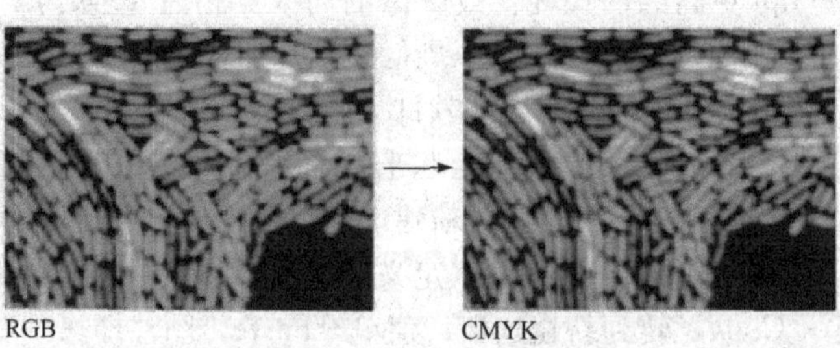

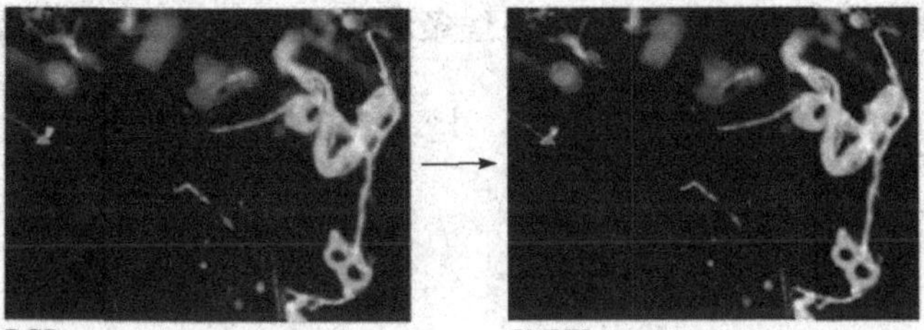

RGB　　　　　　　　CMYK

图、表等艺术线条为 600 dpi（1bit/sample），导出格式为 TIFF 或 EPS 的图像，艺术线条的粗细一般为 0.25～1 pt。

标准长度单位 pt 全称为 point，是一个专用的印刷单位“磅”，大小为 1/72 英寸。

1 in（英寸）=2.54 cm（厘米）=25.4 mm（毫米）=72 pt（磅）

常用中文字号制与点数制的对照关系：

初号=42 pt

小初号=36 pt

一号=28 pt

二号=21 pt

小二号=18 pt

三号=15.75 pt

四号=14 pt

小四号=12 pt

五号=10.5 pt

小五号=9 pt

六号=7.875 pt

七号=5.25 pt

你可以通过更改线条的颜色、线条样式或粗细来更改线条的外观。例如，对于下列 2007 Office 版本，在“绘图”工具栏上，单击“线型/边框样式”，然后单击所需的线条粗细（pt）。

图和表的大小：一般单列布局图和表的大小为 8.5 cm 宽；两列布局图和表格的大小为 17.5 宽；整页宽度图可以达到 21 cm（示例 11-16 源自 *Nature* 作者指南）。

示例 11-16　图和表的大小及线条粗细

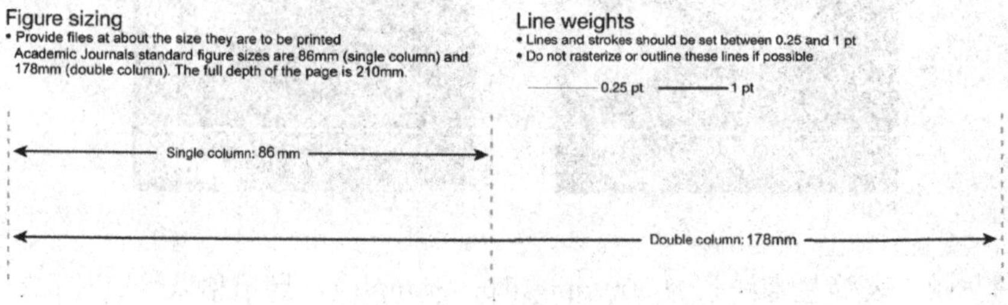

字体的大小和类型（font size and type）：建议使用 Arial、Helvetica、Times New Roman、Symbol 这些字体。

所有的图说明，包括字母、数字和符号，必须在 reprint 版本上清晰。一般情况下，reprint 上的字体应该不小于 8 pt，绝对不能小于 6 pt。

风格（style）：图标题避免全部用大写字母。一般的规则，只有第一个单词的字母大写或每个主要的单词第一个单词的字母大写。图说明和度量单位只用小写字母。

9. 怎样正确使用图和表

需要注意几个方面的问题：

(1) 图、表还是文字哪个更有效？如果与文字材料重复，那么就没有必要使用图和表。如果能够补充说明文字材料或能够缩短讨论的长度，那么插图就是呈现信息的有效方式。

(2) 哪种图、表最适合你的目的？是否需要制作详细的、高分辨率的插图？能否用一幅简单的、仅用线条和点就能表示的插图？两者表达的信息是否一样？

(3) 图、表是否真实、有效、客观地展示了数据？

(4) 图、表是否展示了数据的本质和规律？

(5) 图、表是否表达了论文的主题或观点？

10. 插图的核查清单

- 这个插图有必要吗？与表和正文是否重复？
- 有图序和图题吗？

- 这个插图简洁吗？还有没有可以删去的无关细节？
- 坐标轴的标值是否合适？
- 类似的插图或重要性相仿的插图是以同样的坐标系画的吗？
- 所有的术语拼写是否正确？
- 插图中的符号及缩写都在图注中有所说明吗？这些符号、缩写与标题是否一致？在其他插图或正文中是否保持一致？
- 所有的插图在正文的相应位置处是否被提及？

一般情况下，许多 SCI 期刊有对插图和表格要求的明确说明。不同的期刊对插图和表格有不同的要求。如下是 *Science* 杂志对插图要求的指南，因此，要确定在递交你的论文之前通读作者指南，按照该期刊的要求使论文格式规范化。

➢ **Figure legends** should be double-spaced in numerical order. No single legend should be longer than about 200 words. Nomenclature, abbreviations, symbols, and units used in a figure should match those used in the text. The figure title should be given as the first line of the legend. Any individually labeled figure parts or panels (A, B, etc.) should be specifically described by part name within the legend.

➢ **Schemes** can have very brief legends or no legend at all. Schemes should be sequentially numbered in the same fashion as figures.

➢ **Figures** should be submitted electronically as part of the manuscript file upload. For initial submission, figures may be embedded directly in the manuscript file; allowable formats for manuscript files are .pdf, .ps, .eps, .prn, .doc, .wpd, as discussed below. Do not send irreplaceable artwork; we will not return submitted figures or disks. Authors submitting revised manuscripts after peer review will receive more specific information about electronic submission of art for publication; at the initial-submission stage, we ask that authors consult our tips for preparing efficient figures to assure a smooth manuscript upload.

➢ Most figures will not be relabeled by *Science*. The size of figures, when printed, will usually be 5.5 cm (2.25 inches or 1 column) or 12.0 cm (4.75 inches or 2 columns) in width. Bar graphs, simple line graphs, and gels may be reduced to a smaller width. Symbols and lettering should be large enough to be legible after reduction. Avoid wide variation in type size within a single figure. In the printed version of the figure, letters should be about 7 points (2 mm) high. High-resolution images can be included as supporting online material.

➢ *Science* does not allow certain electronic enhancements or manipulations of micrographs, gels, or other digital images. Figures assembled from multiple photographs or images must indicate the separate parts with lines between them. Linear adjustment of contrast, brightness, or color must be applied to an entire image or plate equally. Nonlinear adjustments must be specified in the figure legend. Selective enhancement or alteration of one part of an image in not acceptable. In addition, *Science* may ask authors of papers returned for revision to provide additional documentation of their primary data. If possible, use scale bars in place of, or in addition to, magnification numbers; the scale bar units should be specified in the figure legend. In gels, the lanes should be numbered and identified by number in the figure legend.

➢ **Graphs** should be labeled on the ordinate and abscissa with the parameter or variable being measured, the units of measure, and the scale. Scales with large or small numbers should be presented as powers of 10. Definitions of symbols should usually appear in the figure legend and not in the figure. Simple solid or open symbols (●, ○, ■, □, ▲, △, ◆ and ◇) reproduce well. *Avoid the use of light lines and screen shading*. Instead, use black-and-white, hatched, and cross-hatched designs for emphasis. Use heavy lines or boxes for emphasizing or marking off areas of the figure. Additional design guidelines can be found in our tips for preparing efficient figures.

➢ **Composite figures** should be labeled A, B, C, etc.

➢ **Digital color art** should be submitted as CMYK (Cyan, Magenta, Yellow, Black) rather than RGB (Red, Green, Blue). Composite figures should be labeled A, B, C, etc.

➢ **Lettering** in Helvetica font is preferable for figures. Use boldface type for axis labels and for part labels(A, B, etc.) in composite figures; use italic type only as it would be used in the text(e. g. , for variables and genes). The first letter of each entry should be uppercase; otherwise, use uppercase letters as they would be used in the text(e. g. ,for acronyms).

11. 图、表在论文手稿中的位置

- 图：排在图注后面，每个图一页。
- 图注：图注排在表后面，另起一页。
- 表格：排在正文中参考文献的后边，每个表格一页。

12. SCI 论文图、表设计中常见的错误

(1) 图、表内容与文字重复。在 SCI 论文中，相同内容不宜用文字、表格和统计图重复表达，应根据内容的需要选择一种表达形式即可。这方面的原则应是：凡是用简要的文字能够表达清楚的就不用图和表来表达；凡是用表能够一目了然表示的就不要用图；为使读者便于对照比较和了解精确结果时，以表格形式为宜。

(2) 表中数值计算不精确，保留位数不一致。表中数值精确与否，是决定统计表质量的关键因素，也是科学实验结果是否严密的具体体现。由于表中数据是经过原始数据计算得出的，因此往往不是整数。应该使用相同的小数位。表中同一指标数字有效位数应一致，不足者以“0”补足。计算百分比时，注意各百分比相加应为 100%。

(3) 缩略语及量和单位不规范。表中所列的指标名称不宜随意而定，应使用固定的缩略语。特殊情况下使用不常用的单位和缩写词时，须在表注中说明。表中的法定计算单位一律使用符号。单位应该跟随国际标准命名原则。在数字和单位之间应有一个单一空格。千计单位应该由逗号分离（1, 000）。

(4) 表中分组变量与观测指标的位置颠倒及数据排列不当。表中数据的排列，应按同类数据纵排的原则安排，排列不当则导致读表费力，不易对照比较和从中了解变化规律。

(5) 表注说明过繁。表注是对表格中有关内容的必要补充和说明，应简明扼要。如果需要说明的内容较多时，应移入表前的正文中用文字介绍，表格中数据的计算公式，应在论文的“Material and Method”部分介绍，不宜列入表注。

(6) 罗列原始记录数据。典型的表和图是对结果的总结，研究过程中的原始数据，不必全部罗列于表中。表中的数据一般应是经过统计学处理的。

(7) 无表题、表题不确切或重点不突出。表题是表格的重要组成部分，是对表格中内容的概括，表题应主谓有序，简洁、准确。

(8) 图、表中的术语、符号、单位与文中文字叙述不一致，或正文没有提及图和表。图、表中出现的术语、符号、单位应与文字叙述相一致，以显示整个论文的完整与统一。

(9) 统计图、表设计不规范，如表格中线条过多。

13. 常见错误的实例分析（示例11-17至示例11-23）

示例11-17　存在问题：坐标轴上标值不适当

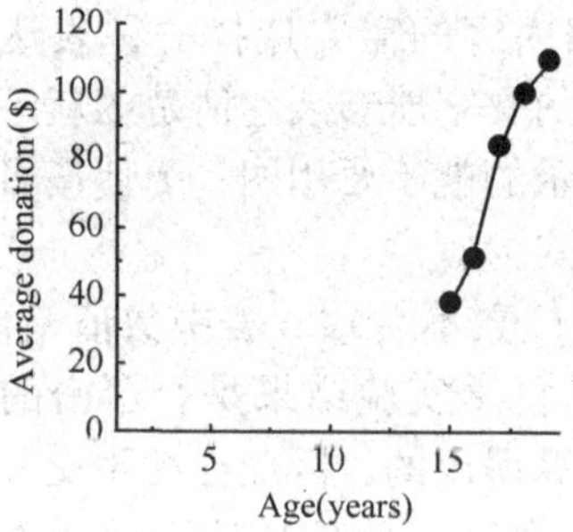

[不推荐]

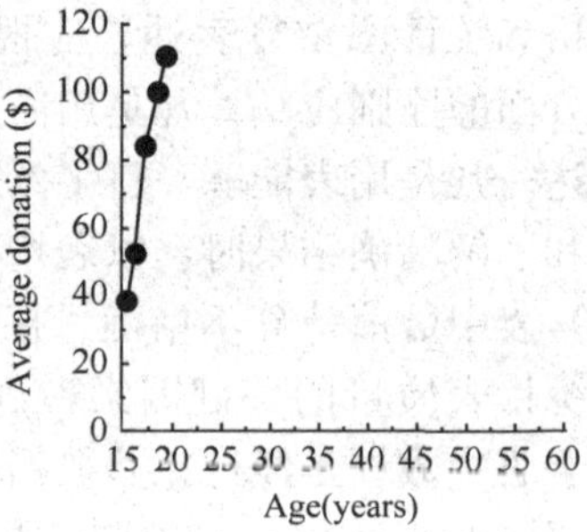

[不推荐]

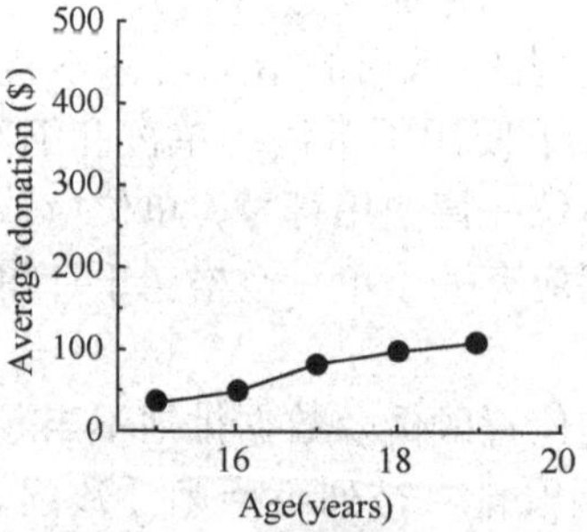

[不推荐]

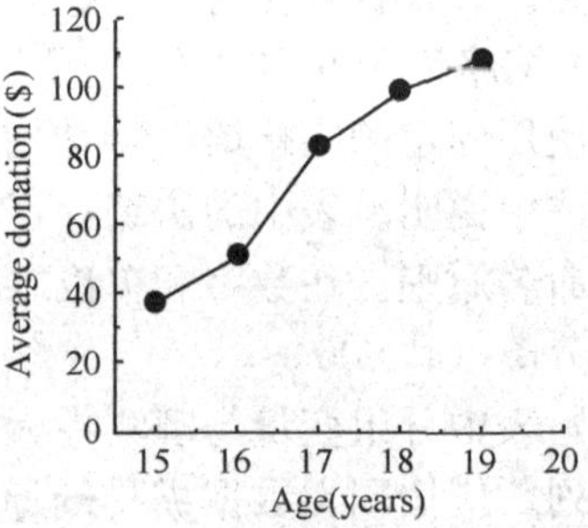

[推荐]

示例 11-18

缺单位、坐标轴颠倒、锯齿形线的连接没有根据、图题不明确（更多内容见 www. ruf. rice. edu/～bioslabs/tools/tools. html）。

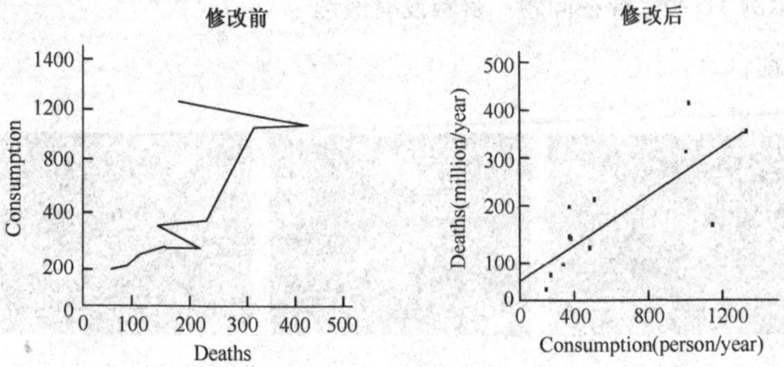

Fig. 2. Deaths due to cigarette consumption.

Fig. 3. Death rate from lung cancer vs cigarette consumption for several countries. The solid line is a linear fit to the data.

示例 11-19 存在问题：样本太少

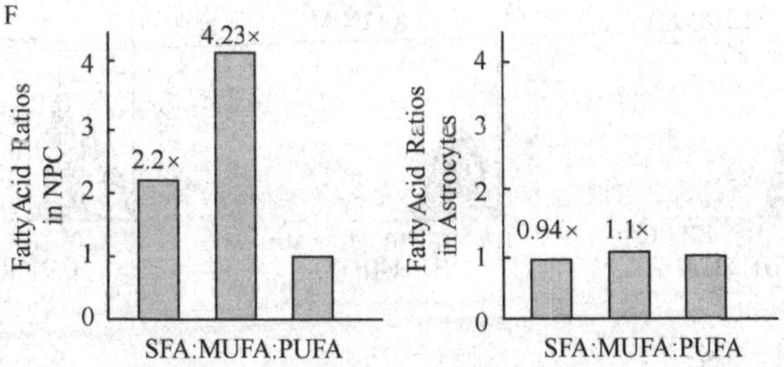

Fig. 2. Analysis of the specificity and molecular composition of the NPC biomarker using ^{1}H-NMR. (**F**) SFAs and MUFAs are more abundant in NPCs than in astrocytes （n=1).

一个样本

该图发表在 *Science*(2007，318：980-985)。细看 Figure Legend，就会发现该图的数据来自一个样本（n=1)。一般来说，数据来自一个样本不应该用图来表示。虽然该论文已经发表了,但并不代表他的做法就一定正确。

示例 11-20　存在问题：资料没有遴选

修改前

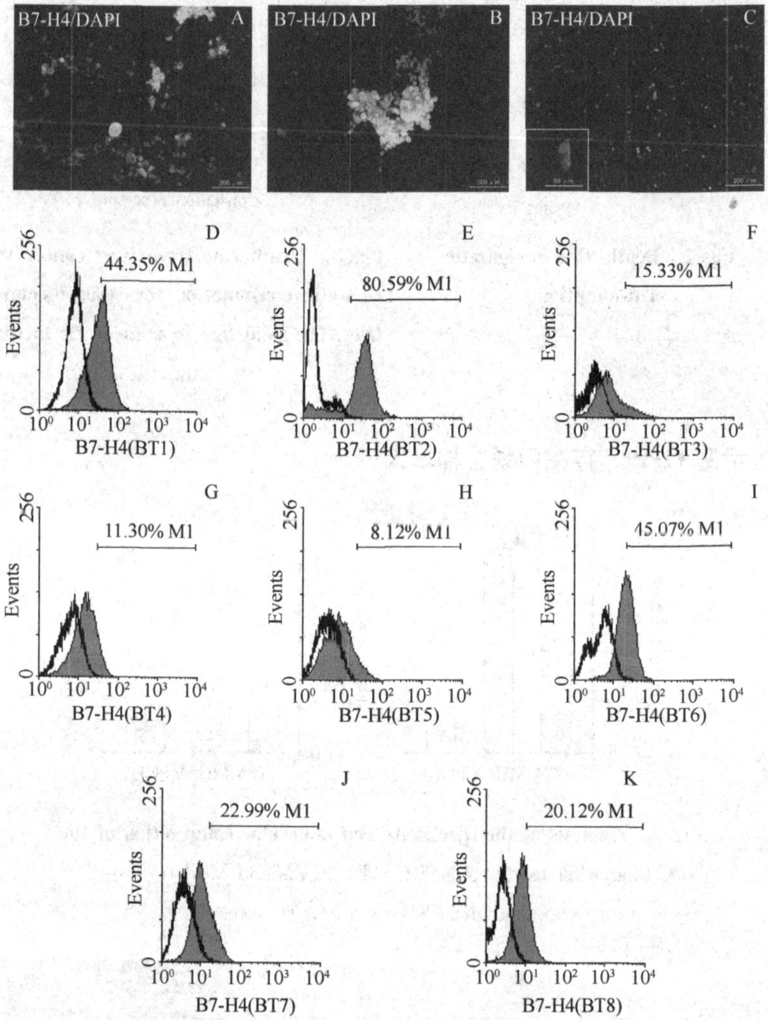

该图罗列研究过程中的所有数据记录，没有进行选择。审稿人的评价是“内容不清楚”。示例 11-21 是 示例 11-20 经过选择后的图，余下的内容用文字和表格表达。示例 11-21 显然更清楚和容易懂。

示例 11-21　示例图 11-20 修改后

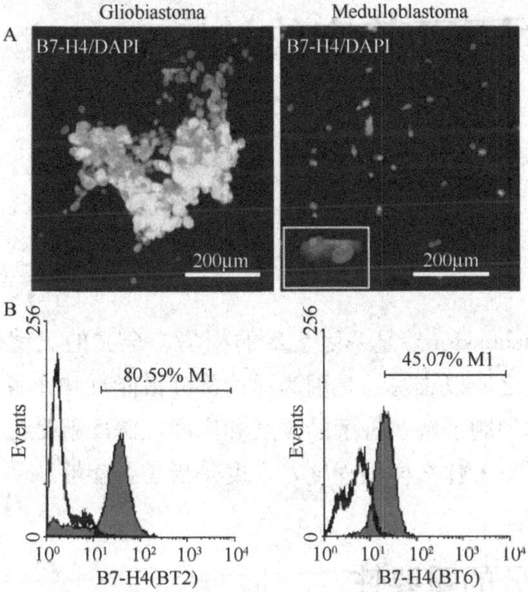

示例 11-22　存在问题：表格不规范，没有表格标题

shRNA	Chrs. analyzed	TFF	AST	TF
EV	3161	46 (1.45%)	41 (1.30%)	4 (0.13%)
UPF1A	2039	202 (9.91%)	58 (2.84%)	14 (0.69%)
EST1AA	3179	228 (7.17%)	85 (2.67%)	15 (0.47%)
SMG1A	2979	271 (9.10%)	102 (3.42%)	15 (0.50%)
UPF2A	2807	95 (3.38%)	42 (1.50%)	10 (0.36%)
EST1CA	2879	107 (3.70%)	78 (2.70%)	7 (0.24%)

该表格发表在 *Science*(2007,318:980-985)。没有使用 SCI 期刊通常使用的三线表，也没有表格标题(title)*。

* http://www.originlab.com

第 12 章

如何书写SCI论文的讨论

讨论（Discussion）是一篇文章的精华、全文的灵魂，也是最难写的部分。讨论之所以难写，是因为讨论部分最能反映作者复习的文献量和对某个学术问题了解及理解的深度和广度。深度就是论文对于提出问题的研究到了一个什么样的程度，广度是指是否能够从多个角度来分析解释实验结果。

1. 讨论部分的重要性

要让审稿人和读者了解你的论文为什么值得重视。

（1）你的结果有什么理论意义？

（2）你的结果有什么实际应用价值？

（3）你的发现是否可以扩展到其他领域？

（4）你的结果是否有助于我们理解更广泛的领域（a broader topic）？

2. 讨论的内容

在讨论这一章节，你应该解释你的结果。因此，讨论的内容主要有：

（1）概述最重要的结果。你的结果有什么意义？数据是否符合你的最初假设？如果没有的话，为什么？你是否需要修改假说？

（2）指出其是否能支持先前的假设以及是否与其他学者的结果一

致；如果不是的话，为什么？是否他们的实验设计有缺陷？

（3）对结果提出说明、解释或猜测；根据这些结果，能得出何种结论或推论。

（4）说明研究的局限性及这些限制对研究结果的影响；有什么进一步的实验需要进行？如果你的结果模棱两可，还需要什么实验能使结果更加明确。

（5）指出结果的理论意义和实际应用价值。

3. 讨论部分写作的基本要求

讨论的重点在于对研究结果的解释和推断，并说明作者的结果是否支持或反对某种观点，是否提出了新的问题或观点等。因此，撰写讨论时要避免含蓄，尽量做到直接、明确的作出完整地解释。说理要有根据，问题要讲清楚、讲透彻。因此，每个结论都要有证据。总是聚焦在你的结果上，不要讨论与你现在工作无关的话题。

4. 讨论部分写作结构

讨论的主要内容＝What do all these results mean?

建议讨论的写作结构见示例 12-1 和示例 12-2。

示例 12-1　讨论写作框架-1

- Answers to the question(s) posed in the introduction together with any accompanying support, explanation and defence of the answers (present verb tense) with reference to published literature.
- Explanations of any results that do not support the answers.
- Indication of the originality/uniqueness of the work.
- Explanations of:
  - How the findings concur with those of others.
  - Any discrepancies of the results with those of others.
  - Unexpected findings.

- The limitations of the study which may affect the study validity or generalisability of the study findings.
- Indication of the importance of the work e. g. clinical significance.
- Recommendations for further research.

示例 12-2　讨论写作框架-2

Questions to address:	How to address them:
What is the problem?	Describe the problem investigated. Summarize relevant research to provide context, key terms and concepts so your reader can understand the experiment.
Why is it important?	Review relevant research to provide rationale. (What conflict or unanswered question, untested population, untried method in existing research does your experiment address? What findings of others are you challenging or extending?)
What solution (or step toward a solution) do you propose?	Briefly describe your experiment: hypothesis(es), research question(s); general experimental design or method; justification of method if alternatives exist.
	Make clear the links between problem and solution, question asked and research design, prior research and your experiment.

一般实验性 SCI 论文的讨论部分写作结构如下所述。

第一段（first paragraph）

阐述主要发现。开头应该陈述研究的主要成果。写在第一段，直截了当地给出研究结果。但不应该包含数据或对研究设计的引用。可以从摘要改写（示例 12-3）。

示例 12-3　阐述主要发现写作范例

In this study, we have shown that tumor cells organize a mitochondrial chaperone network, which involves Hsp90, its related molecule, TRAP-1, and the immunophilin CypD. This complex maintains mitochondrial homeostasis and antagonizes the function of CypD in permeability transition. Conversely, inhibition of mitochondrial Hsp90 chaperones with a novel class of mitochondria-directed ATPase antagonists causes sudden loss of mitochondrial membrane potential, release of cytochrome c, and massive death of tumor but not normal cells.

Cell, 2007, 131(2): 257-270

中间段（middle paragraph）

段落的多少根据结果多少而定，可以是并列关系或递进关系。但要保证每一段都有一个主题。而且每一段中要说明以下几点。

（1）你的研究结果说明什么？有什么意义？

没有人比你更了解你的研究。作为开展这项研究的人，你应当更清楚这些研究结果的意义与重要性。然而，第一次读你文章的人并不清楚。因此讨论的意义之一就是解释你的研究结果的意义及其重要性。让读者看完之后觉得："这个确实很有道理，我怎么就没想到呢?"就算你的结果有歧义，你也不要想着让读者反复读你的文章来弄明白其意义；大多数读者不会费那个力气，而你的发现会因此被无视、遗忘（示例 12-4）。

示例 12-4　讨论结果写作范例

The results presented here demonstrate an involvement of Shh signaling in the regulation of SVZ stem cells, leading to sustained neurogenesis, in the postnatal and adult mouse brain. Taken together, the gene expression analyses and the *in vitro* and *in vivo* experiments indicate that Shh signaling is critical for the modulation of the number of cells with stem cell properties, for the proliferation of early precursors and consequently for the production of new neurons.　说明　意义

Development, 2005, 132: 335-344

（2）你的研究结果和别人的类似研究有什么异同？如果不同，可以讨论一些产生差异的可能原因。

不会有哪个研究是独一无二的且以往没有有关文献发表。讨论部分应当讨论你与其他有关研究的结果。过去文献提出的问题可能是你研究的动机。其他研究的结果可能支撑了你的发现，这样也能强化你研究结果的重要性（示例 12-5）。

示例 12-5　研究结果和别人研究有异同的写作范例

In contrast to other data (Ref), we show that Shh is sufficient to increase the number of neurospheres derived from SVZ cultures grown over quiescent astrocytes. This difference might relate to the method used: it is possible that the astrocytes in the feeder layer produce enough cofactors but at low enough levels for Shh to act, whereas saturating levels of EGF mask the effects of Shh(Ref).

Development, 2005, 132: 335-344

（3）如果你的研究结果中出现非常新的东西，用以前别人的理论很难解释，那么你可以提出你的假设理论来解释试验中非常新的东西，一定要做到能自圆其说。

（4）考虑研究结果的其他解释。尽管我们应当保持客观，但是我们很容易只注意到那些符合我们偏见（预期）的解释。应当谨记研究的目的是发现而不是证明。我们很容易就把研究变成证明自己的偏见（预期），而不是发现事实。写讨论的时候，要仔细考虑研究结果所有的解释，而不是仅仅注意到那些符合预期的解释。

（5）提出研究的局限性。所有的研究都有局限性。有些研究致命的局限性会妨碍其发表。然而，即使是最有声望的期刊上的研究也有局限。对作者而言，自己指出自己研究的局限，比被同行评审或读者指出来要好得多。

末段（last paragraph）

在讨论的最后要总结一下，告诉别人你这个研究的几个主要结果（2、3句）（示例 12-6）。详情请参考第 13 章。

示例 12-6 总结段落写作范例

In summary, Hsp90-directed protein folding/refolding functions as a novel regulatory mechanism of mitochondrial permeability transition (reference). Although this pathway is selectively exploited in tumor cells to elevate an antiapoptotic threshold, the development of Hsp90 antagonists competent to accumulate in mitochondria may provide a new class of potent and selective anticancer agents, potentially devoid of side effects for normal tissues.

5. 讨论部分写作常见问题

（1）没有选择深入讨论的问题。选择合适的结果在讨论部分进行深入讨论，是写好该部分首先要面临的问题。要以每一个重大结果为基点。一般来说，可根据如下原则来判断：如果你的结果体现了实验的独特性，是其他研究中没有得到的，那这个结果就是要重点讨论的问题；有些结果和前人的研究一致，并没有显著性差异，就应该一笔带过而无需深入讨论。讨论的一个重要作用就是要突出自己研究的创新性，并体现出显著区别于他人的特点，区别大和小是另外一个问题，重要的是要有区别，区别就是创新。

（2）没有对选中的问题按一定层次从多个角度进行讨论。选择的问题有时不只一个（多数情况是 2 个以上），因此要按一定层次描述清楚。问题无论大小、是否重要，都要从多个角度（横/纵、纵/横）展开深入讨论。

- 首先要有类似结果的对比，说明自己结论的独特性。
- 其次要系统阐述为什么会有异同。方法有多种（从实验设计角度、从理论原理角度、从分析方法角度或借鉴别人分析方法等）。重要的是将这个问题深入阐述清楚，不能让人有意犹未尽之感（so what?）。

（3）与 Result 的不一致性。就是结果和讨论没有一一对应。少数出现讨论的内容可以推出与实验相反的结论。

（4）作者在讨论时不引用或没有系统引用相关文献。发生这种情况的主要原因为：作者没有意识到查找和引用相关文献的必要性；作者因条件所限，无法查到和查全相关文献；少数作者故意不引用相关文献，以突显自己研究的“新颖”和“价值”。

(5) 作者虽引用了相关文献，但没有结合自身的研究讨论，也就是说，作者虽查到并引用了相关文献，但没有把以前的结果和自己的结果融合在一起讨论。这两种论文分割的结果都一样，就是使读者看完论文后，仍对该研究缺乏系统、完整、深入的了解和理解。

(6) 简单重复 Introduction 的内容。虽然讨论总与 Introduction 中你援引的问题或假说相连。但不是简单地重复，而是 Introduction 的展开。

(7) 重复 Result 的内容。不要在讨论中再重声明你的结果。虽然你可以偶尔在讨论部分里提及图和表帮助解释某事，但不能包含新的数据。可以用流程图说明。如果你需要提醒读者讨论的结果，可以用桥桥(bridge sentence) 来进行链接。例如，The increased expression of neuroglobin in the damaged region after focal ischemia suggests that ...(解释)。

(8) 对结果过度解释。我们很容易就过度解释研究结果。要记住对结果的解释不能没有数据的支持。

(9) 夸大研究结果的重要性。我们都希望自己的研究作出重要贡献，然后被很多人引用。然而对重要性莫须有的夸大会使评审与读者反感。谦逊才是长久之道。

(10) 跑题。在讨论中加入离题的内容会使读者分心、困惑。跑题会稀释、混杂研究中的真实信息。

(11) 不要在讨论中指责其他研究。尽管你的研究与其他研究会有所矛盾，但这些问题应当以专业的方式解决。不要使用讨论攻击其他学者。

6. 讨论部分写作的人称和语态

在讨论部分尽可能使用主动语态。慎防啰唆词组，要简洁。可以使用第一人称描述自己的结果（示例 12-7)。现在时和简单的过去时可以用于讨论和结论部分 (present and simple past tenses may both be correct for results discussion and conclusions)。

示例 12-7　讨论部分写作的人称和语态范例

We have also shown that transplantation of cell populations derived from either a limited number of CD146$^+$ CFU-Fs or single CD146$^+$ CFU-Fs results in the re-establishment, in the heterotopic ossicles, of CD146$^+$ CFU-Fs that can be secondarily passaged and directly assayed. By providing evidence for the ability of CD146$^+$ stromal cells to function as self-renewing, clonogenic skeletal progenitors, our data outline the long sought anatomical identity of SSCs ("mesenchymal" stem cells) in human BM and a crucial feature of their phenotype. While our data provide evidence for the self-renewal and multipotency of CD146$^+$ CFU-Fs, a larger-scale study would be necessary to accurately determine the actual frequency of *in vivo* assayable, multipotent, and self-renewing clonogenic progenitors within our population of phenotype-defined cells. Even though such frequency would appear to be high based on our data (50%), the relative weight of inherent biological heterogeneity, versus heterogeneity relative to the specific experimental assay and its constraints (including culture and transplantation conditions), remains to be further analyzed.

第一人称

Cell, 2007,131(2):324-336

第 13 章

如何书写SCI论文的结论

结论（Conclusion，Summary）又称为结束语、结语。它是整个课题研究的总结、全篇文章的归结。评判一篇文章质量高低的关键是看其结尾是否完美。这就是你的论文结论非常重要的原因。一般来说，结论中出现的问题不太多。有些SCI期刊要求有结论章节（段落），位于论文结论结束时。

1. 结论写作的内容

在你仔细用证据论述之后，要将你的发现为读者写一个结论简明扼要的总结，并提供一种结束感。撰写“结论”的目标简单来说，是要回答“结果怎么样”这个问题，确保读者有所收获，包括以下两个方面：

（1）结果要点。本研究结果有什么新发现，得出什么规律性的结论，解决或完善了什么理论，适用于什么样的范围。对前人有关本问题的理论、方法或技术做了哪些检验，哪些与本研究结果一致，哪些不一致，作出了哪些修正、补充、发展或否定。

（2）理论意义或实用价值、推广前景。

2. 结论写作要求

（1）概括准确，措词严谨。准确完整地概括论文中创新的内容。

（2）明确具体，简短精练。结论应提供明确、具体的定性与定量的信息。对要点要具体表述，不能用抽象和笼统的语言。

（3）综合分析，客观评估，浓缩表达。避免以假设来“证明”假设，以未知来说明未知，并依次循环推论。不要把前言部分的内容，如立题依据、研究目的等写在结尾部分来讨论。

3. 结论写作方法

（1）由于 Microsoft office word 等文字处理软件提供的拷贝（copy）、粘贴（past）功能，论文摘要中的一些话可被拷贝到结论中。但要注意改变时态。也可以试着把每个段落的第一个句子独立出来，用 2、3 个句子将其主要观点重新进行表达。这将会加强文章的主题，提醒读者你谈论或争论的是什么。

（2）结论一般可以用几句话来表述。你可能还不能全面地总结你的观点；如果句子过多的话，你的结论就可能过分散漫，没有重点。有时也可以把结论分成若干条来写，但不常见。如果句子过少。文章主题是结尾的重要组成部分。这说明你一直在坚持自己的观点，而且一直在论述其正确性。

（3）结论要恰如其分。确保你的结尾是对全文的总结，而不是专注于文章的某一点。

（4）本研究尚未解决的问题及今后研究方向的设想或建议和对应用的技术有哪些改进的建议一般不放在结论中。但有些 SCI 期刊要求在结论中加入这些设想或建议（示例 13-1）。所以通读 SCI 期刊的作者指南十分重要。

示例 13-1 结论部分包含今后研究方向的设想或建议范例

This lipidomics study reports for the first time a unique signature of GPLs in proliferating RSCs, its regulation by LACs, and its effects on plasma membrane fluidity. However, further work will be required to identify whether this novel finding can be extrapolated to other neural stem cells or possible to stem cells in general.

Stem Cells, 2007, 25(11): 2864-2873

4. 结论人称和时态写作

写他人的研究结果用现在时或现在完成时，描述本文研究结果用过去时；普遍适用的结论是现在时。结论中不使用第一人称单数主格“I”，而较多使用第一人称复数主格“we”，以说明该工作是由多人完成的（示例13-2）。

示例 13-2　结论人称和时态写作范例

In summary, we generated genome-wide maps of two key histone modifications that are associated with actuve and repressed chromatin structures in the human ES cell genome. By associating the genes carrying different modifications with their expression status, specific compartments could be revealed. These compartments may be of functional significance to the self-revewal, pluripotency, and potential for lineage specification in ES cells.

Cell Stem Cell,2007, 1 (3): 286-298

结论　第一人称复数　过去时　现在时(广泛意义)

第 14 章

如何书写 SCI 论文的致谢

科学研究通常不是只靠一两个人的力量就能完成的，需要多方面力量支持，包括资金、设备、人力的支持和帮助。特别是大型课题，需多人参与。因此，在论文结论之后或结束时，对在研究过程中，或在论文撰写过程中，曾给予帮助和支持的单位和个人表示谢意。当然，致谢部分是可以因作者的意愿而选择的（optional）。换句话说，致谢部分并非一定要出现在 SCI 论文中。

1. 致谢内容

致谢主要分为两个方面。

（1）表明该项研究是在什么资金或基金资助的情况下完成的。中国一般都是国家自然科学基金（Nature Science Foundation of China，NSFC）。美国大多数是美国国家卫生研究院（National Institute of Health，NIH）和美国国家科学基金会（National Science Foundation，NSF）。写基金时一般要标注清楚基金号码（grant number），只有这样才算是该项基金的研究成果，也可以算做实验室的研究成果（示例 14-1）。

示例 14-1　致谢部分书写范例

Acknowledgments

We thank K. Hartung and K. Keller for technical assistance; O. Kobler for help with confocal microscopy; M.D. Welch for providing anti-Arp2/3 complex antibodies; and E.D. Gundelfinger for support. This work was supported by grants from the NIH (RO1AG1982 to J.K.), the Kultusministerium Land Sachsen-Anhalt (XN3571A to B.Q.), and the Deutsche Forschungsgemeinschaft (to B.Q. and M.M.K.).

资助单位单位　　基金号码　研究人员

(2) 对参与人员和单位表示感谢。应对整个研究过程中，尤其是参加部分研究工作，包括提供实验设计或实验材料，但没有列在作者中的研究人员，要肯定他的贡献，予以致谢。有些审稿人也很看重这方面(示例 14-2)。因此，需要引起重视。

示例 14-2　提供实验材料的研究人员没有列入致谢部分

Reviewer's comments:

2) The number of tumoral samples studied should be specified. The only mention of neuropathological study is that "only the sections of human glioblastoma that were confirmed by neuropathologists were used" (no acknowledgements allow identifying these neuropathologists and their involvement in the study) ....

但是，如果提供帮助的人过多，就不必一一提名，除直接参与工作、帮助很大的人员列名致谢外，一般人均笼统表示谢意外。如果有的单位或个人确实给予帮助和指导，甚至研究方法都从人家那里学到的，也只字未提，是不应该的。如果写上一些从未给予帮助和指导的人，为照顾关系，提出致谢也是不主张的。

2. 致谢在论文手稿中的位置

致谢通常位于论文结论之后或结束时。但少数 SCI 期刊要求把致谢放在参考资料之后。

3. 利益冲突

利益冲突（conflict of interest）可能呈现的多种形式：

- 直接经济冲突：雇佣、持股、资助、专利。
- 间接经济冲突：酬金、咨询、共同基金所有权、专家证言。
- 职业和观念冲突：晋升、直接竞争制度。
- 个人信仰。

有些 SCI 期刊要求在致谢部分内说明 “Any clarification regarding conflicts of interest of the authors”。如果没有，你可以写上 “The authors indicate no potential conflicts of interest” 或 “The authors declare that they have no competing financial interests”。

4. 书写致谢常见的错误

(1) 写基金来源时，没有标注基金号码。当然，有些基金没有基金号码 (示例 14-3)。

示例 14-3　致谢部分没有注明基金号码

Acknowledgments

This work was supported by AIRC, Telethon and MIUR of Italy (to P. B.), and in part by the DIR/NIDCR of the IRP/NIH(P. G. R.).

Cell, 2007, 131(2): 324-336

(2) 有人基于礼貌，添上对 Editor 和匿名审稿人（Anonymous reviewers）的感谢，这是没有必要的。

(3) 有些名家、学者或教授，从未指导，也没有阅读过论文，借“致谢”来增加论文发表的可能性，是不对的。致谢词和致谢方式必须征得受谢人或单位的同意。

第 15 章

如何引用参考文献

参考文献（Reference）是指为撰写论文或编辑论著而引用的有关图书和期刊资料。在学术论文写作中，经常延用其他学者、专家的理念或引用其话语，或参考相关的研究与文献，因此著名的学术暨研究机构，以及大学或系所和学术出版社，都编制有相关的写作或引用格式，以供作者在写作时征引相关论述或编制参考书目时参考。原则上，除了教科书上公认的方程和表达式外，只要不是自己的工作，都要列出处，并完整给出相应文献。即使是作者自己以往的工作，也要列出相应文献。这样做既是对他人研究的充分肯定，免去剽窃之嫌，又能说明自己的论述依据充分，也突出了自己在该研究中的独创内容。因此，作者在科技论文之中，凡是引用他人的报告、论文等文献中的观点、数据、材料、成果等，都应清楚地标注，完整给出参考文献。

统计表明，75％的审稿人十分关注作者对参考文献的引用，有的审稿人甚至首先浏览参考文献，以核查作者是否足够了解和尊重前人的相关工作。

1. 参考文献的目的

便于读者查阅原始资料，便于自己进一步研究时参考。应该注意的是，凡是列入的参考文献，作者都应详细阅读过，不能列入未曾阅读的文献。

2. 收录参考文献的原则

（1）主要的文献（primary literature）。

➢ 该研究由谁始创的（Who first lad the basic idea?）。

➢ 是谁做了最重要的工作？（Who did the most important work before?）。

➢ 还有谁贡献很大（Who else contributed significantly?）。

（2）收录正式发表的文献。

（3）规范的收录格式。

3. 收录参考文献的注意事项

（1）最好引用原始文献，不要二次引用。

（2）注意文献编排格式与你要投的刊物一致。因为，不同的 SCI 期刊有不同的文献编排格式。投稿前，首先要了解该期刊的投稿指南。

（3）尽量不要遗漏重要参考文献。

（4）引用文献时，不要完全依赖于综述（review）。

（5）尽量引用原创者的文献（give credit to originator）。

（6）当引用自己已经投稿，但还没有被接受的论文时，可以写成 submitted。

（7）参考文献的引用要根据收录参考文献的原则（见上文）。因为，编辑部一般选用该领域中的专家来评审。如果评审专家发现他的论文没有被引用，可能会造成一定的负面影响。至少评审专家会认为你对该学术问题的了解和理解的深度及广度不够。

（8）中国人的姓氏和外国人的姓氏表达方式是不一样的。因此，正确辨识外国人的姓氏是很重要的。外国人的姓氏有其特殊规则或习惯用法，是非英语系作者常混淆的；遇有疑惑时应查检字典，确定其用法。例如，有些姓氏应包含冠词和介系词（de、la、du、von 等），而有些接首词并非姓氏的一部分，应小心使用。示例 15-1 是 *Chicago Manual* 中所举的常见例子，摘录以供参考。

示例 15-1　姓氏包含冠词和介词的不同表达方式

Eugen D' Albert	D' Albert, Eugen
Lee De Forest	De Forest, Lee
Walter de la Mare	de la Mare, Walter
Daphne du Maurier	du Maurier, Daphne
Eva Le Gallienne	Le Gallienne, Eva
Abraham Ten Broeck	Ten Broeck, Abraham
Martin Van Buren	Van Buren, Martin
Wernher von Braun	Von Braun, Wernher
Alexander de Seversky	de Seversky, Alexander
Eamon De Valera	De Valera, Eamon

参考文献的评审主要有：

(1) 参考文献的著录项是否准确，并要和论文中的引用保持内部的一致性；

(2) 所引用的参考文献应确有必要；

(3) 核对参考文献的引用是否准确。

审稿人常常发现作者所引用的文献和稿件主题的关系并不明显，其原因可能是作者并不了解这些文献，甚至根本没有阅读过这些文章（转引他人论文中的参考文献）。作者如果在稿件中声称自己的工作取得突破或很大进步，审稿人会检查作者是否合适地引用了论证的文献，尤其是他人的关键工作。

4. 参考文献的格式

同的 SCI 期刊对参考文献格式的要求不同。因此，要根据你投稿期刊对参考文献格式的要求，使用不同样式的格式设置。目前，APA、MLA 和 Chicago 是三个最常见的引文格式。APA 是美国心理学会（American Psychological Association）所制定的一种引文格式。APA 主要用于心理、教育及社会科学等学科。APA 参考文献的文中格式一般为作者和发表日期加上页码，而非常见的数字格式。官方网站是 www. apastyle. org，可以在其官方网站找到 APA 引文格式的最新版本。美国现代语言学会（Modern Language Association，MLA）主要是用于人文、艺术等学科。由 MLA 发布的格式一般为作者加页码的形式，这点与 APA 大致类似，但是没有发表日期。MLA 主要用于医学、健康及生物科学等学科。MLA 是最常见的引文格式，在文中是以数字的形式出现。Chicago 格式是以数字的形式出现，是以作者＋发表日期的形式出现，主要用于书籍、杂志、新闻等媒体。官方网站是 www. chicagomanualofstyle. org/home. html。

参考文献应该包括下列信息：作者、论文的完整题名（如果有副书名也应包括在内）、期刊名称、卷期数、出版年（月、日）、页数。

参考文献格式的变化包括：

（1）作者的写法：有的简写在前，有的简写在后，有的简写有点，有的简写没有点。

（2）文章的名字：有的要加上引号，有的则不必加。

（3）期刊的写法：有的要简写，有的要全称，有的要斜体，有的则不需要。

（4）年和期卷号的顺序：有的是年份在前，有的是年份在后。

（5）文献的排列顺序：有的是按照字母的顺序，有的则是按照在论文中出现的顺序用阿拉伯数字排序。

参考书应该包括作者、出版年、题名和出版信息，在编制参考书目时，必须详细核对原始文献数据，确定作者、书刊名的拼法、写法正确无误。为节省篇幅，参考书目中常以缩写字来代替（示例 15-2）。

示例 15-2　常用的缩写

Chap.	Chapter
Ed.	Edition
Rev. ed.	Revised edition
2nd ed.	Second edition
Ed. (eds.)	Editor(Editors)
Trans.	Translator(s)
n. d.	No date
p. (pp.)	Page(pages)
Vol.	Volume(as in Vol. 4)
Vols.	Volumes(as in 4 vols.)
No.	Number
Pt.	Part
Tech. Rep.	Technical Report
Suppl.	Supplement

如果你的论文已经被接受，但还没有出版时，可以写成 in press (示例15-3)。

示例15-3 JCI对参考文献格式的要求

[期刊论文]

Yalow, R. S. and Berson, S. A. 1960. Immunoassay of endogenous plasma insulin in man. *J. Clin. Invest.* 39:1157-1175.

[论文待发(in press)]

Gardner, W. and Schultz, H. D. 1990. Prostaglandins regulate the synthesis and secretion of the atrial natriuretic peptide. *J. Clin. Invest.* In press.

[图书]

Myant, N. B. 1981. The Biology of Cholesterol and Related Steroids. Heinemann Medical Books. London, United Kingdom. 882 pp.

[图书章节(Articles in books)]

Innerarity, T. L., Hui, D. Y. and Mahley, R. W. 1982. Hepatic apoprotein E (remnant) receptor. In *Lipoproteins and Coronary Atherosclerosis*. G. Noseda, S. Fragiacomo, R. Fumagalli and R. Paoletti, editors. Elsevier. Amsterdam, Holland. 173-181.

[摘要]

Packman, C. H., Rosenfeld, S. I. and Leddy, J. P. 1981. Inhibition of the C8/C9 steps of complement lysis by a high density lipoprotein (HDL) of human serum. *Fed. Proc.* 40:967a. (Abstr.)

示例15-4 ***Proc Natl Acad Sci USA*** **对参考文献格式的要求**

[期刊论文]

10. Neuhaus J-M, Sitcher L, Meins F, Jr, Boller T (1991) A short C-terminal sequence is necessary and sufficient for the targeting of chitinases to the plant vacuole. *Proc Natl Acad Sci USA* 88:10362-10366.

［图书或图书章节(articles or chapters in books)］
14. Hill AVS(1991) in *Molecular Evolution of the Major Histocompatibility Complex*, eds Klein J, Klein D(Springer, Heidelberg), pp 403-420.

因此，投稿前仔细阅读所投期刊的指南，参考该期刊的文献录入格式。不要让编辑把时间浪费在粗糙的稿件上。如果你的参考文献没有按照所投 SCI 期刊进行参考文献格式化，一般过不了初审。所以，要认真对待。此外，还要注意引用文献的数量，不要超过要投 SCI 期刊的要求，否则，稿件会被退回来（示例 15-5）。

示例 15-5　引用文献的数量超标导致论文退稿的范例

Dear Dr. ——,

Your manuscript has been unsubmitted, and your manuscript number is: JCI-00XX-08-ORIG.

It was necessary to unsubmit your manuscript for the following reason(s): You have cited 43 references, but only 40 are allowed in an original manuscript(absolute maximum I can accept is 42). Please reduce your citations to 42 or less and resubmit the manuscript ....

Sincerely,

Editorial Manager

如何按照所预投 SCI 期刊进行参考文献格式化？详情请参见第 16 章。

第 16 章

如何用 EndNote 将参考文献格式化

很难想象在没有用软件的情况下进行 SCI 论文参考文献格式化。用手工进行参考文献格式化即费时、费力，又不精确。而用软件进行参考文献格式化可以省去撰写文稿时手动编排文献的麻烦，因此，为作者带来很多便利，节省时间，提高工作效率。常用参考文献格式化经常使用的软件有：①EndNote；②ProCite；③Reference Manager。

ProCite 是管理详细项目及特殊资料的最佳解决方案，提供了灵活的检索与管理选项。链接地址是 www. procite. com。

Referencc Manager 是针对工作组、网络及协作项目的功能强人的文献信息管理解决方案。链接地址是 www. refman. com。

EndNote 是一个专门用于科技文章中管理参考文献数据库的软件。可将数据库中的检索记录保存到你自己构建的文献库中，随时调用。而且通过插件可以很方便地在 Office Word 中插入所引用的文献，软件自动根据文献出现的先后顺序编号，并根据指定的格式将引用的文献附在文章的最后。如果在文章中间插入了引用的新文献，软件将自动更新编号，并将引用的文献插入到文章最后参考文献中的适当位置。

EndNote X7 是目前 EndNote 软件的最新版本。可以下载 30 天的试用版。下载的链接地址是 http://endnote. com/downloads。笔者常用 EndNote 将参考文献格式化。因此，本章主要讨论如何用 EndoNote X7 将 SCI 论文中的参考文献按照 SCI 期刊的要求进行格式化。

1. EndNote 的主要功能

（1）在线搜索文献：直接从网络搜索相关文献并导入到 EndNot 文献库内。

（2）建立文献库和图片库：收藏、管理和搜索个人文献，以及图片、表格。

（3）按照特定 SCI 期刊进行参考文献格式化：直接在 Word（MS Word）中格式化参考文献和图形；也利用文稿模板（manuscript template）直接书写合乎特定 SCI 期刊要求的论文。

2. EndNote X7 版新增功能

- 可设定 PDF 自动汇入文件夹，并自动带入文件夹阶层作为 Group 卷标及自动分类。
- 用户可以自行设定使用特定字段的数据作为 PDF 的档名。
- 在 PowerPoint 插入引用文献。
- 可在 Output style 中或 Microsoft Word 中将参考文献列表利用 Category Bibliography 进行分类。
- 新增文献类型：Podcast、Press Release、Interview，并调整 Conference Paper、Blog、Data Set、Thesis 和 Manuscript 的字段。
- 你可以在 Library 中拖曳并移动字段。
- 加强同步功能，让同步可在背景执行。
- 可同步 Share Groups。
- 加强 Quick Search 快速检索功能，能够查询 PDF 及 PDF 注记数据。
- 设定 Read/Unread 状态。
- 在 Change\Move\Copy Fields 中新增可复制 record number（书目的固定编号）字段数据到其他字段。
- 程序自动检查更新。

3. 几个 EndNote 中用到的概念

- Library：EndNote 用来存储参考文献数据的文件，其实就是数据库。
- Reference：参考文献（Reference Type：参考文献类型），如 Journal Article、Book 等。

- Style：样式，即参考文献在文章末尾的格式，每家杂志社都不尽相同。
- Filter：把通过检索（如 PubMed）得来的参考文献导入（import）EndNote 时所用的过滤方式。由于每个搜索引擎输出的数据格式都不一样，所以导入数据时根据搜索引擎选择对应的 Filter 很重要。

4. 如何建立数据库

要把 SCI 论文中的参考文献按照特定 SCI 期刊的要求进行格式化，首先要建立一个新的数据库。建立数据库就是将不同来源的相关资料放到一个文件中，汇聚成一个数据库文件。该数据库应包括论文中所有的参考文献。在安装时 EndNote X7 可以自动整合到 Word 2003、Word 2007 和 Word 2010 中，使用者可以简单地将 EndNote X7 数据库内的文献加入到 Word 文档里，进而格式化文献形成合乎 SCI 期刊要求的论文样式。

建立一个新的数据库：打开 EndNote X7 后，出现的第一个界面如示例 16-1 所示。

示例 16-1　建立新的数据库

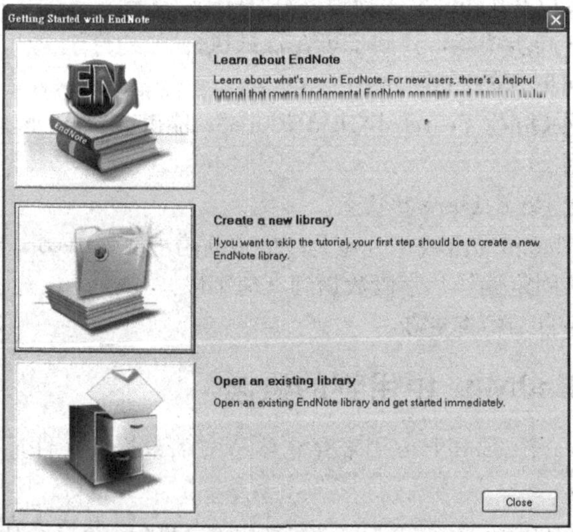

选择建立新的数据库【Create a new EndNote Library】，点击【Ok】。选择文件保存地址并输入文件名。文件名可以任选。在此，输入文件名：My EndNote Library 为示范。新建空数据库文件如示例 16-2所示。

示例 16-2

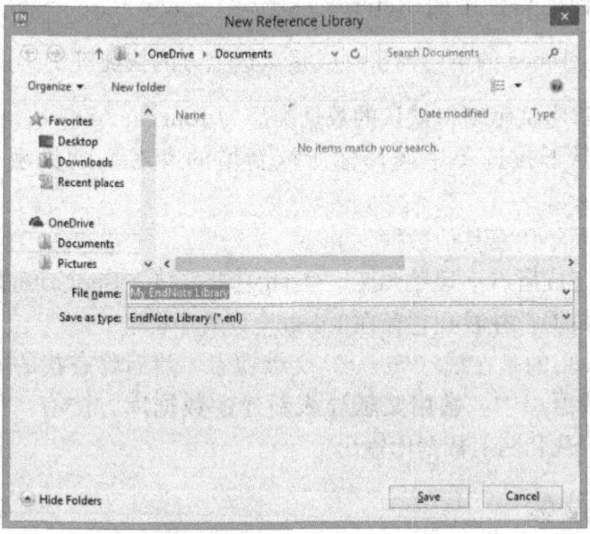

开启已存在的数据库（Library）：

（1）从开始→程序集→【EndNote】→【EndNote Program】。第一次使用时，会出现【Getting Started with EndNote】对话窗口，供你选择。

注意：如果设定默认 Library 自动开启，则会直接开启 Library 而不是上面这个对话框。如果发生此状况，可关掉 Library，至【File】→【Open】→【Open Library】进行设定，或点选【Help】→【Getting Started with EndNote】。

（2）点击【Open an Existing EndNote Library】。

5. 如何将文献导入新建的数据库

EndNote 可以将不同来源的文献导入到已存在的数据库内或新建的

数据库中，包括：

1）直接导入PDF文件（PDF的信息完整性很重要）

File→Import Files

2）访问各期刊网下载题录文件选择过滤器导入

File→Import Files

3）手工逐项填入（窗口中直接键入参考文献）

- 选择工具栏中的References选单→New Reference，跳出New Reference的空白视窗（或是点选上方的快捷键）。
- 新参考文献窗口默认的数据类型为Journal Article，你可从参考文献下拉选单中选择你所欲新增的参考文献类型（reference type）。
- 输入年代及其他数据。
- 当完成所有字段编辑后，关闭编辑窗口，EndNote即会自动储存数据，并看到它存在Library列表中。

比较简单的是在线（online）文献搜索，然后将查找的文献直接导入新建的数据库中。常用文献导入新建的数据库方法有：用EndNote直接联网下载和网上数据库输出。

6. 在线搜索

1）模式

在线搜索（Online Searching）即通过EndNote直接进入网上数据库查找和获得文献。在Library窗口左边区块，可选择下列三种呈现模式（示例16-3）。

示例 16-3

（1）Local Library 模式：在此模式之下会显示个人群组（Custom group）、智能群组（Smart group）和组合群组（From group），但是不会显示在线群组（Online group），以避免搜寻的参考文献显示在此模式之下。这是默认的模式。

（2）Online Search 模式：在此模式之下仅会显示 Online Search groups，还可以在此模式下查询和下载找到的参考书目，从 EndNote 在线数据库汇入的参考书目会先暂存在此模式中，一旦关闭 EndNote，参考书目就会被移除。

（3）Integrated Library & Online Search 模式：此模块包含所有 Local Library 模式和 Online Search 模式下的所有群组，从在线数据库下载的参考书目会显示。

2）选择联机数据库（Online Search）

从 EndNote 窗口上方工具栏中，选择【Tools】→点击【Online Search】→出现【Choose A Connection File】对话框→选择【PubMed】→【Choose】就可连接到 PubMed 网站进行检索相应的文献了（示例 16-4）。

示例 16-4

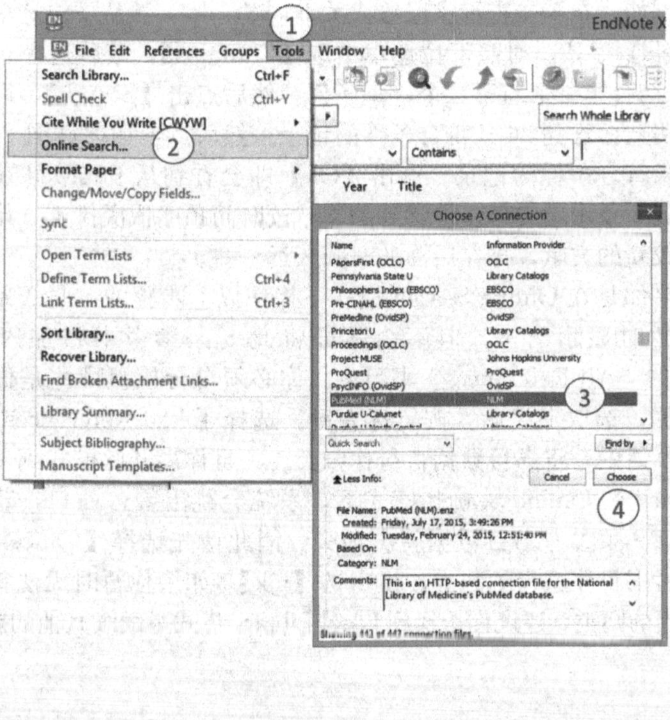

3）查询 PubMed 数据库

如果你的计算机能够链接到 PubMed 网站，就会出现如示例 16-5 所示的检索框。

示例 16-5

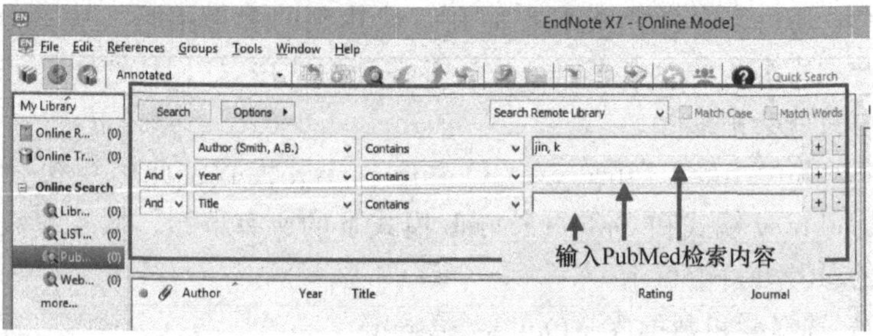

此时你可以通过查找作者名（Author）、年份（Year）和题目（Title）来进行检索，也可以通过这些命令来增减检索栏位的多少。例如，上述示例 16-5，输入作者名 Jin, K，PubMed 提供了 875 条文献。如果觉得检索到的文献太多，可按【Cancel】回检索页面重新输入更精确的检索条件。例如，在第二查询字段输入关键词 Stroke，并从下拉选单中选择【All Field】字段、对照下拉选单中选【Contains】，最后选择布尔逻辑 AND 来结合第一个与第二个检索条件。然后点击【Search】，返回检索结果表明共检索到 26 条符合条件的记录；然后点击加关键词 2010，检索到 3 条符合条件的记录。点击【Ok】即会看到从 PubMed 在线数据库只下载 3 条参考文献。检索到的文献按时间顺序依次排列，排在前面的表示较新的文献，排在后面的时间久远一些。

如果你是在 Online Search 模式下操作以上步骤的，此 3 条参考书目仅会暂时显示出来，但不会随即将此 3 条参考书目加入你原先 Library的“All References”书目中。你必须自行检视哪些是你需要的书目数据，选取书目后，按鼠标右键，选择【Add References To】→某一个群组中，将书目数据自行作归类。一旦你离开此模式到 Integrated Library & Online Search 模式下，系统会跳出警告窗口，若选择确定，则该 3 条参考书目数据就会消失。因此请先选择【Cancel】，将需要的参考书目作适当的归类，再点选【Ok】。如果你暂时无法将书目数据作适当的归类，建议你选择到 Local Library 模式下继续其他的操作，刚刚在 Online Search 模式中所查询到的数据暂时不会被删除（示例 16-6）。

示例 16-6

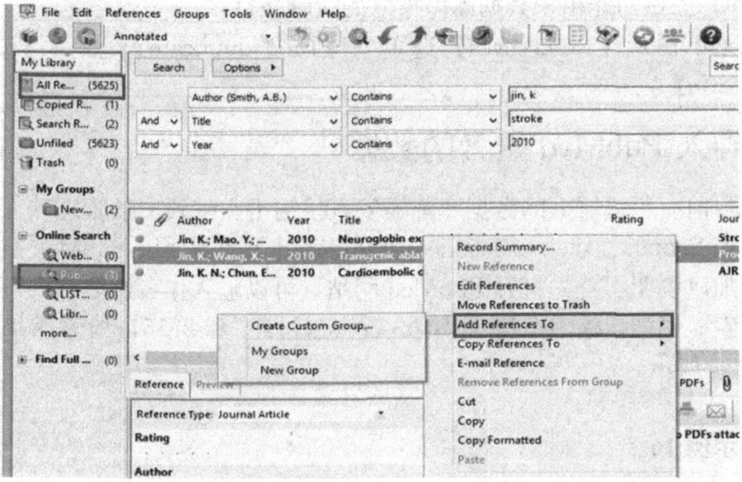

4）检视参考文献

建议仔细检查每篇参考文献，并确认这些参考文献的字段内容是否正确。你可以选择开启每篇文献，或利用 Reference 快速浏览检视各字段中的数据。

5）删除参考文献

在 Integrated Library & Online Search 模式下，从 Online Search 在线数据库下载的参考文献会直接汇入 EndNote Library，故如欲删除不想保留的参考文献，其方式如下：

- 在 PubMed 群组，选择不需要的参考书目。
- 从【References】选单→【Move References to Trash】，选择的参考书目就会从 Library 中移到 Trash 群组。
- 若已确认要删除这两篇文献，即可点选【Trash】群组→右键单击【Empty Trash】。
- 点选【Yes】即会完全删除这两篇文献。
- 点选【All References】群组即可回到完整参考文献列表。
- 若你想再至 PubMed 查询其他数据，请点选 PubMed 群组，输入其他检索策略，点【Search】。在【Confirm Online Search】窗口中会再呈现出符合查询条件的条数。若于窗口勾选“Clear

currently displayed results before retrieving records”选项，能清除之前暂存在 PubMed 群组中的数据，但注意此功能只清除 PubMed 群组中的文献，不会影响原本查得的参考书目。

6）去重功能用于数据库内重复的文献条目

菜单栏从【References】选单→【Find duplicate】，然后【Delete duplicate】。

7. 导入 PubMed 搜索的数据

目前有很多网上的数据库都提供直接输出文献到文献管理软件的功能，如 Scopus、Web of Science 和 PubMed 等。下面以 PubMed 数据库为例加以说明。首先打开 PubMed 网站，可以输入作者姓名和关键词进行检索。例如，输入关键词 Stem cells、brain 和 2015，检索结果如示例 16-7 所示。

示例 16-7

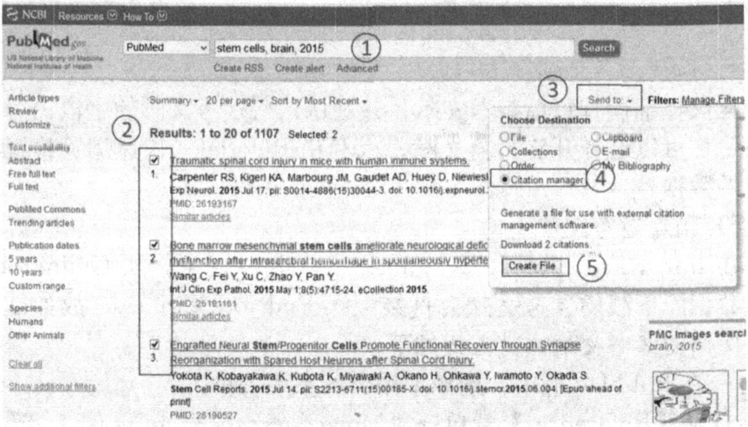

在 PubMed 上检索后，选中所要保存的结果（将每一条记录前面的方框内打上勾），点击搜索结果显示页面右上角的【Send to】按钮，弹出【Choose Destination】下拉菜单，选中【Citation Manager】，然后点击【Create File】。

附档名为 .enw 或 .ris 的档案，若跳出档案下载的窗口，点选【Open with】即可将书目数据汇入（示例 16-8）。书目数据即会自动汇入至 EndNote 中。在 Imported References 群组中，即可看到当次所汇入的书目数据（仅暂存于此）。

示例 16-8　EndNote X7 在 Word 中的工具栏

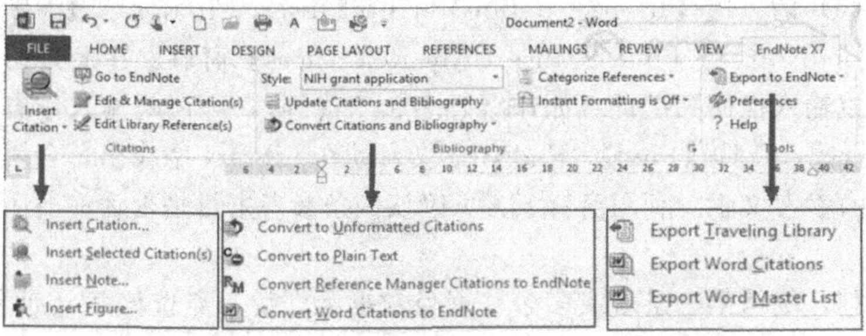

8. 如何利用 EndNote X7 数据库使文献格式化

EndNote X7 主要功能是在撰写论文或书籍时，可以自动编排文献格式。要完成这项任务，需要计算机已经安装 EndNote X7 和文字处理软件（如 Office Word 等）（示例 16-8）。

加入引文方法一

同时打开 Office Word 和 EndNote X7。

（1）在 Office Word 里将光标移到想加入文献的位置。

（2）找到和插入想加入的文献。

比较简单的方式是在 Office Word 中将鼠标指在要插入文献的位置，然后切换到 EndNote X7 程序中，选择要引用的参考文献，点击工具条上的【Insert Selected Citation】，即可将选定的文献插入到该指定位置（示例 16 9）。

示例 16-9

其他文献插入依此类推。

加入引文方法二

（1）先在Word文件中输入你欲撰写的文章内容。

（2）接着请选择Word 2007工具面板中EndNote X7卷标。

（3）请点选【Insert Citation】下的【Insert Citation ...】，接着跳出【EndNote X7 Find & Insert My References】窗口。在上方的空格中可以输入任何关键词（如作者姓名、年代等），可在此输入作者姓名“Emery”，点选【Find】，EndNote会自动在Library中找出符合该条件的所有参考文献。利用窗口下方可确认该条参考书目是否为你所引用的数据。

（4）确认某一条（或多条）书目数据无误后，点选该条（或多条）数据，再点选【Insert】，即可在文章内文中插入这条书目（示例16-10）。

示例16-10

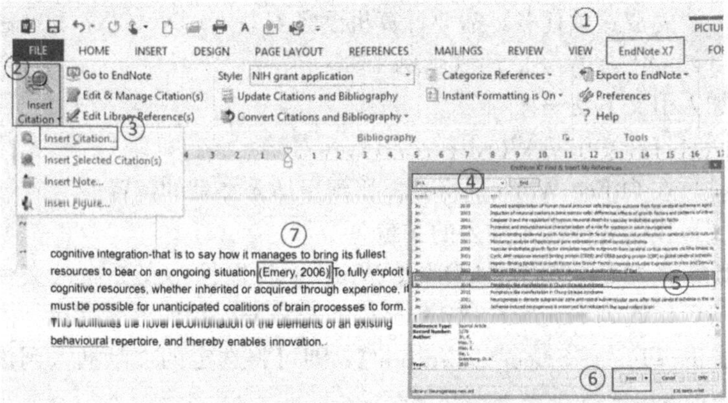

在正文中欲加入另一引用文献，可重复上述步骤。

假设你已经完成在Word文章中插入引用文献的步骤。请点选“储存盘案”，将文件命名之后储存。

9. 文献引用格式化

Output style也就是SCI期刊的样式。待全部文献插入完毕，点击【Style】后可呈现更多种类格式，找到你要投的SCI期刊之后（示例16-11），EndNote X7会扫描整个文章将Word文档中的参考文献按照设定的SCI

期刊格式进行编排。

示例 16-11

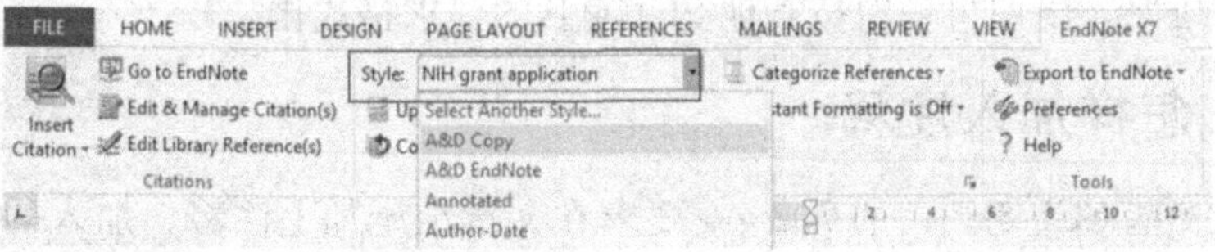

你也可以直接从 Word 的菜单里找到【Instant Formatting】启动。使 EndNote 在插入引文的同时能对引文进行格式化（示例 16-12）。

示例 16-12　文献引用格式化前后比较

插入文献

Studies have evidenced that neurogenesis continues in the subventricular zone (SVZ) lining the lateral ventricles and the subgranular zone (SGZ) of the hippocampal dentate gyrus (DG) in adult mouse, rat {Jin, 2001 #2; Liu, 1998 #148}, non-human primate {McDermott, 1991 #52} and human {Eriksson, 1998 #131} brain.　格式化前

Studies have evidenced that neurogenesis continues in the subventricular zone (SVZ) lining the lateral ventricles and the subgranular zone (SGZ) of the hippocampal dentate gyrus (DG) in adult mouse, rat (3, 4), non-human primate (5) and human (6) brain.　格式化后

注意：

- 在【Instant Formatting】启动时，每次加入的引文会立刻转换成相应格式，同时在文章结尾自动加上文献列表。如果【Instant Formatting】未启动，引文则保持临时引用格式，即{第一作者，年代#记录号}，文章结尾也没有文献列表产生。
- 【Instant Formatting】的设置只对引文有效，对映像文件无效，每次加入的映像文件都会自动格式化。

10. 文献引用去格式化

点击【Convert to Unformatted Citation】，会将已经格式化的文献重新还原，以便再一次按其他 SCI 期刊的要求格式化。

11. 怎样加入注释

一些 SCI 期刊，如 *Nature* 要求在文章结尾加上注释，加入的注释会和引文一样被编号，进而按照出现的顺序出现在文献列表里，也就是成为文献列表的一部分。注意：只有在以编号样式（numbered style）格式化过的文章里加入注释才是有意义的，否则注释只能以全文本形式出现在文章里。

加入注释的步骤（示例 16-13）：

（1）首先，从 Word 的工具栏里进入【References】。

（2）点击【Insert Footnote】。

（3）写入注释，字数不限。

（4）EndNote 会依照现有选择的 Style 进行格式化。

示例 16-13

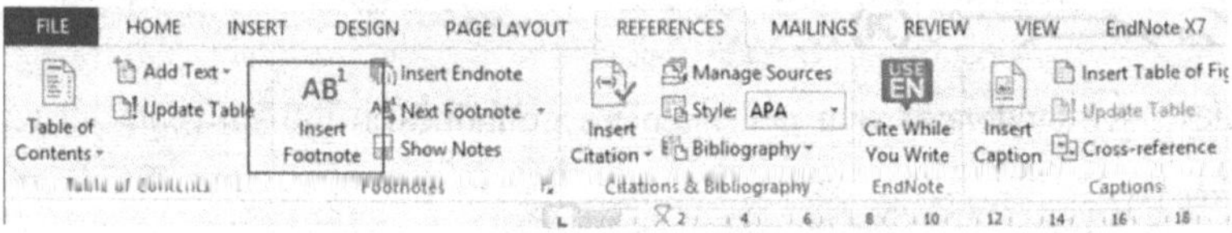

12. 怎样修改参考文献的输出格式（output style）

每个杂志的引文格式要求不同，虽然 EndNote 提供了 2000 多种期刊的引文格式，如果恰巧你预投稿的期刊 EndNote 中没有现成的引文格式，遇到这种情况怎么办？我们可以通过修改现有格式或新建格式来实现。由于新建格式太麻烦，因此找一个相近的格式来修改更简便（示例 16-14）。

示例 16-14

你准备投稿 *Neurological Research*。但 EndNote 中没有现成的期刊输出格式。通过引文格式预览，你会发现 *Neurological Research* 的引文格式与 *J Clin Invest* 的引文格式比较相近。

J Clin Invest 的引文输出格式：

Jin K, Mao XO, Sun Y, Xie L, Greenberg DA. 2002. Stem cell factor stimulates neurogenesis *in vitro* and *in vivo*. *J Clin Invest*, 110(3): 311-319

Neurological Research 的引文输出格式：

Jin K, Mao XO, Sun Y *et al*. Stem cell factor stimulates neurogenesis *in vitro* and *in vivo*. *J Clin Invest*, 2002, 110(3): 311-319

在 EndNote X7 主界面中点击【Edit】，即可进入到编辑界面。子菜单选择【Output style】，然后打开【Edit Journal Clinical Invesitigator】（示例 16-15）。

示例 16-15

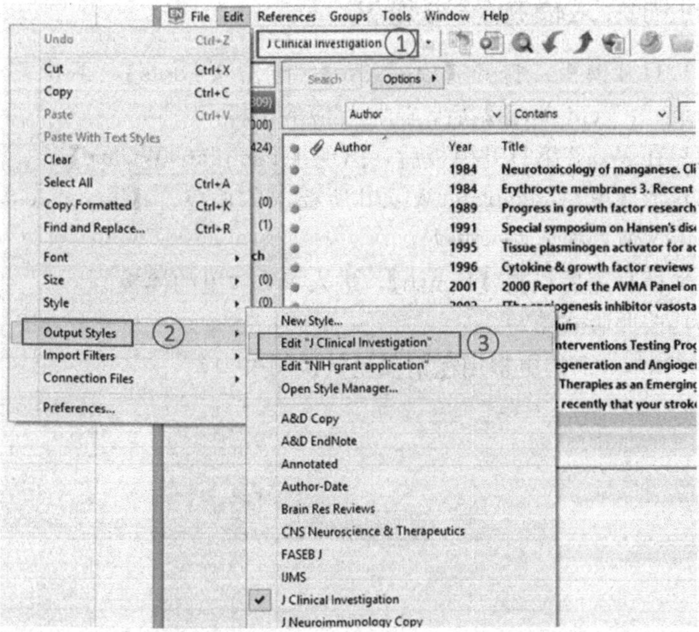

J Clin Invest 引用期刊论文，其格式为：Author. Year. Title. *Journal*, Volume：Pages. 按照 *Neurological Research* 的格式进行修改即可。修改后，存储为 *Neurological Research*（示例16-16）。从 Word 的工具栏里进入【EndNote X7】子菜单选择【Format Bibliography】，进入【Format Bibliography】对话框。然后进行格式化。

示例 16-16

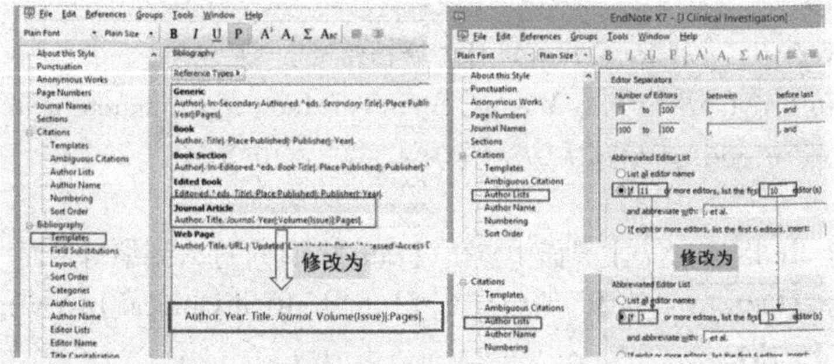

13. 利用论文模板撰写论文

（1）打开模板：打开【EndNote】，点击【Tools】，下拉菜单里的【Manuscript Templates】后，选择相应的模板。

（2）在 Word 里打开模板后，出现【Template Wizard】。

（3）依次填写 Template Wizard 所要求的信息，【Template Wizard】会将其转入到文章合适的位置。

（4）填写完后点击【Finish】，进入 Word 里的模板。

（5）按照版式填写。

EndNote X7 的更多用途请参见其说明书。

第17章

如何选用附录

1. 附录的内容

附录（Appendix，Supporting Information，Supplemental Data）包含SCI论文的补充信息。对研究论文本身有用，但不是关键结果。可以包括结果的详细数据，图谱、图表等。

2. 附录的作用

（1）附录并非包含对正文理解的必需信息，但也许对SCI论文中某一些观点可以进一步澄清并有利于读者理解论文的内容。附录是对正文某些部分补充的说明，很少用于SCI期刊。只是在论文字数受到限制的SCI期刊，如 *Nature* 和 *Science* 中才会使用。

（2）有些内容不能体现于印刷期刊，如电子视听文件（E-component）、短录像片（video clip）、动画（short cartoon）等。但可以在互联网上发表。

3. 注意事项

（1）附录资料仍按照正常审稿程序审稿。

（2）只有正文中提到的才可以列入附录。

（3）附录里所列材料，可按SCI论文表述顺序编排。

（4）如果你使用多个附录时，应该按数字依顺序排列，即附录Ⅰ、附录Ⅱ等，或附录1、附录2等。文件的命名应该是One word，没有空格。例如，movie1. mov，movie2. qt，table1. xls。

(5) 每个附录应该包含不同的材料。

(6) 为了避免下载文件困难，视频应不超过5 MB的大小和30 s和60 s的长度。鼓励使用QuickTime来“压缩”视频。

4. 附录的格式

附录的格式按相应的SCI期刊出版物的指南准备。

5. *Science* 附录指南

补充材料包括以下几类：与文章的结论有直接关系、但因印刷版版面的限制不能发表的文字（如有关方法的信息）、表格、示意图和图片，以及其他超出印刷版力所能及的使内容更丰富的材料（如录像片段和音响文件）。对这些材料的评审和编辑标准与印刷版的一样。

作者应该在稿件处理过程中尽可能早地通知 *Science* 期刊希望提供补充数据的打算。带有补充数据的稿件在发表之前，所有的补充数据都必须以能在计算机上看的，如有可能以能编辑的形式投交到编辑部。

投交补充材料：打算随稿件投交在网上发表数据的作者应该在投稿附信中表明这个打算，描述补充数据（多少个文件、文件类型和文件大致的大小），并简单解释包括这些补充材料的理由。虽然对补充数据没有严格的多少的限制，作者应该努力使文件的大小合理并仔细考虑所补充的数据是否真地增加文章的深度。对稿件本身，补充数据应该在适当的文字、图片或表格中被提到。

Science 期刊目前接受下列格式的补充数据：

- 文字：最好是Microsoft Word文件，也可以是WordPerfect文件、纯文本文件或是基本的HTML（不包括JavaScript或CSS)。我们不接受TeX或LaTeX文件的补充数据。
- 表格：最好是Microsoft Excel spreadsheets，或是以Tab键隔开的纯文本。链接的HTML表格也可以接受，但是需是基本的HTML，请不要用JavaScript或CSS。
- 示意图和图片：Photoshop、Illustrator或Freehand文件，Tagged Image File Format（TIFF）文件，Macintosh PICT文件，Encapsulated PostScript（EPS）文件，Adobe Portable

Document Format（PDF）文件，Graphical Interchange Format（GIF）文件，以及 JPEG 图像文件。

- 电影或录像片段：QuickTime（根据质量和大小，Multipart GIFs 也许也可以接受）。
- 声音文件：WAV、AIFF 或 AU 格式可以接受。

第 18 章

如何选择 SCI 期刊

科学工作者都希望科研成果发表在有声望、高质量的 SCI 期刊上。中国核心刊物数量较少、版面有限、投稿人又多。被 SCI 收录的中国刊物更少，即使有，影响因子都较低。尽管如此，论文发表在 SCI 收录的中国刊物更难。国际 SCI 期刊种类繁多，发表周期短，且大多数国际刊物不收版面费。更重要的是，各个领域顶尖的期刊都是国际 SCI 收录期刊，在这样的期刊上发表论文，才能让国际同行认可中国的科研实力。目前 SCI 收录的核心期刊有 3000 种，加上增补期刊约 5600 种。因此，选择一种恰当的 SCI 期刊并非一件易事，然而这是 SCI 论文得以发表的一个重要环节。投稿前要对自己的论文水平或价值（理论价值与实用价值）作出客观、正确的评估。

1. 选择期刊应考虑的因素

（1）每个 SCI 期刊都有自己的办刊宗旨和范围（aim and scope），包括自己的读者对象，有自己的侧重点和研究兴趣。

- 投稿之前，要熟悉论文主题是否在刊物征稿范围内或论文内容是否符合刊物要求？
- 要了解预投 SCI 期刊是否经常被同行阅读？
- 接收的文章类型？
- 通过浏览近期出版文章的摘要，了解它们当前的热门话题等以减少投稿的盲目性。

（2）论文审阅时间和论文发表速度的快慢。在 SCI 期刊发表的文章中，大部分文章在首页的作者单位下，注明稿件的投稿日期（received date）、修改日期（revised date）和文章最终被接纳的日期（accepted date）。如果一种期刊一年内发表的论文，从投稿到文章被接受都有几个月甚至更长的时间（特刊除外），则提示着该期刊的审稿周期可能较长。

（3）SCI 收录期刊的影响因子。期刊影响因子越大，有用信息就越多。作者可根据期刊的影响因子排名决定投稿方向。除了影响因子外，广告数量可间接判断期刊质量。因为广告公司都愿意将金钱投到质量高、影响大的 SCI 期刊上。

有些刊物的影响因子较高，但是并不代表它是高水平的刊物。原因之一是因为有些刊物影响因子高是自引率高导致的。例如，有一期刊自引率高达 31%，但是根据 ISI 权威统计，没有自引率的贡献，影响因子只有 2.832。想要知道刊物自引率，到 ISI 官方网站查询即可。例如，*Aging and Disease* 2014 年的自引率为 2%，2014 影响因子为 3.07，去除 2%的自引率，影响因子为 2.972。所以 *Aging and Disease* 的自引率很低（示例 18-1）。

示例 18-1

Journal Self Cites

The tables show the contribution of the journal's self cites to its impact factor. This information is als

Total Cites	480	Self Cites	14 (2% of 480)
Cites to Years Used in Impact Factor Calculation	218	Self Cites to Years Used in Impact Factor Calculation	7 (3% of 218)
Impact Factor	3.070	Impact Factor without Self Cites	2.972

（4）你引用的参考文献主要发表在哪些期刊？根据引用的文献，可以判定该 SCI 期刊对你讨论的问题是否感兴趣。

（5）期刊的声望（prestige）：期刊学术水平高其声望就高；反之声望则低。

（6）该 SCI 期刊是否收费，包括版面费、彩色图片印刷费。

（7）根据论文内容选择 SCI 期刊。如果论文主题在一个很窄的分支学科内，那么选择范围只能限制在几种刊物。如果论文信息交叉了几个研究领域，则可有许多种选择。无论是哪种情况，先列出一个简单拟选期刊表，然后逐一对进行比较筛选，作出最后抉择。

当然，要从论文的学术意义和研究方法上正确估价论文的研究水平。越是顶尖的期刊，对论文的学术和文字质量要求越高。所以作者对自已论文的定位很关键。水平高的论文尽可能投档次较高、声誉较好的期刊。这方面可以参考该期刊的影响因子，影响因子高的期刊应该为首选。也可以考虑“中场投篮”，即普通论文试投档次较高的 SCI 期刊。

2. 如何选择合适的期刊发表论文?

怎样找到最适合自己研究领域的期刊发表论文呢？你可以利用 Web of Science 核心合集的分析检索结果功能来解决这一问题。

例如，最近在研究“无线传感器”这个课题，想通过 SCI-ex-panded 来选择合适的期刊发表我的论文，可以这样操作：

1）访问 Web of Science 核心合集检索论文

请访问：http://webofknowledge. com 进入 Web of Science 平台，选择 Web of Science 核心合集，并如示例 18-2 所示，设置检索条件。

示例 18-2　设置检索条件

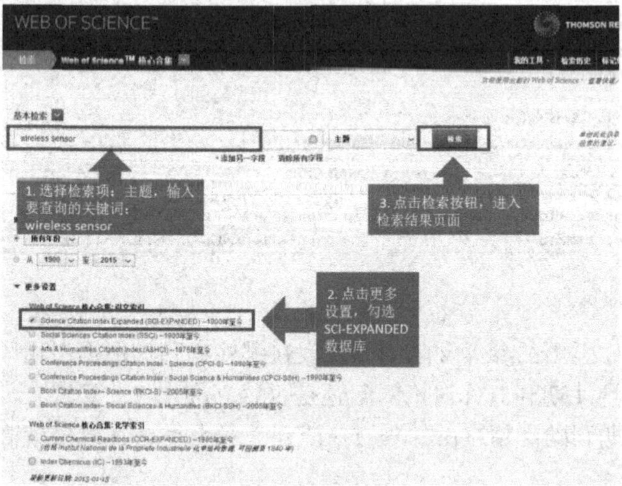

2）检索结果

通过主题检索找到了 16 964 篇 wireless sensor 的文章（示例 18-3）。

示例 18-3　检索结果界面

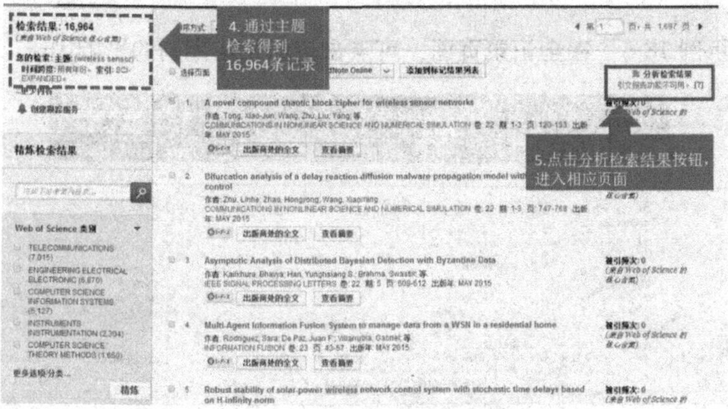

3）分析检索结果

由此，我们可以在分析页面中看到有哪些期刊收录了关于“无线传感器”的文章，并可以很清晰准确地看出其中又有哪几种期刊收录该课题文章的比例更高（示例 18-4）。

示例 18-4　分析检索结果：来源出版物

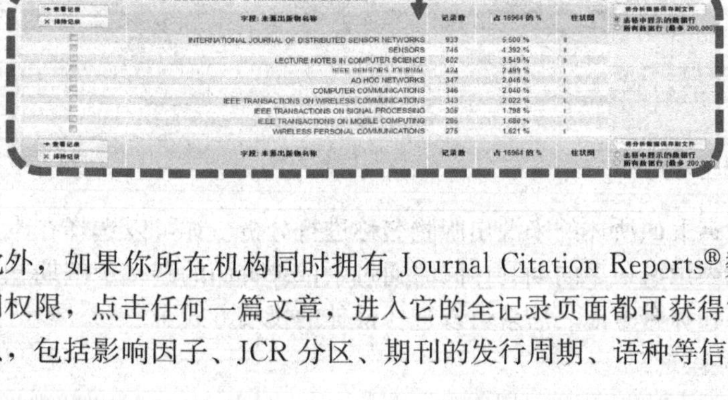

此外，如果你所在机构同时拥有 Journal Citation Reports® 数据库的访问权限，点击任何一篇文章，进入它的全记录页面都可获得它的期刊信息，包括影响因子、JCR 分区、期刊的发行周期、语种等信息（示

例18-5)。

示例18-5　在全记录页面，可点击查看相应期刊的影响因子

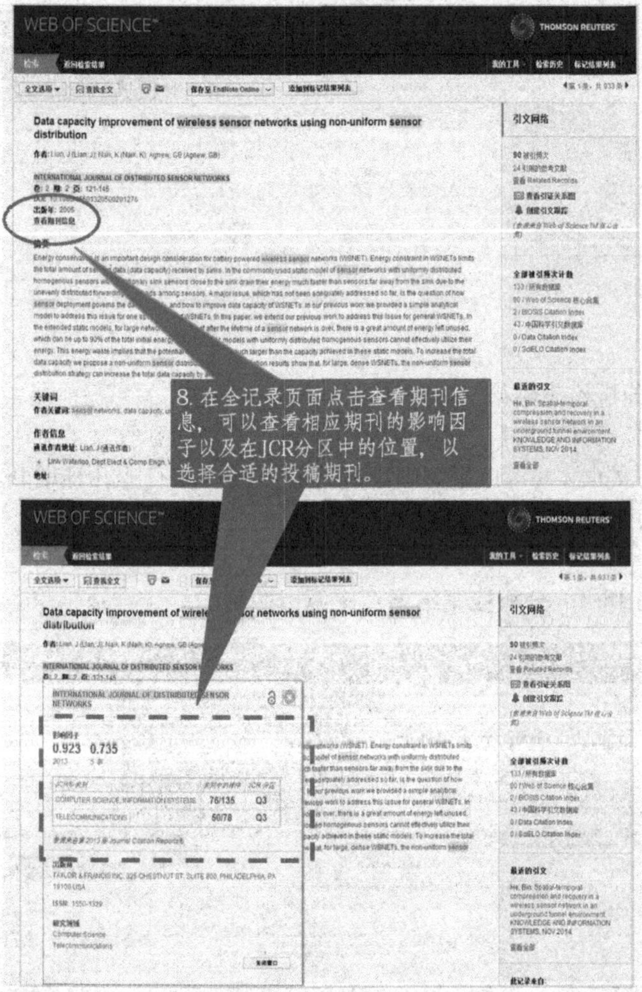

根据上面所述的来源出版物名称进行分析，你可以选择在本研究领域中发表论文最多的期刊，同时通过全记录页面的链接了解期刊的影响因子，在综合考虑之后就可以选择最佳的投稿方式了。

第 19 章

如何向 SCI 期刊投稿

当选定了拟投期刊和论文的最后一稿准备好后，就可向 SCI 期刊投稿了。

1. 准备投稿信

SCI 期刊的编辑往往需要一些有关作者及其论文的信息，而作者也希望给编辑提供一些有助于其全文送审及决策的信息。这些信息都应该包括在投稿信（covering letter）中。投稿信应包括以下几个方面的内容（示例 19-1）。

（1）论文的题目和所有作者的姓名及地址。

（2）论文的类型（letter，regular paper，special section paper，review，tutorial or communication）。

（3）论文的意义或新意（What issues led to this work? What gap is being filled? What is the broader context for this work? What is new here? To our knowledge，this is the first report showing ....）。

（4）声明文稿权转让。

（5）无一稿多投（This manuscript has not been previously published and is not currently in press，under review，or being considered for publication by another journal）。

（6）所有列出作者均对文稿有确切贡献。

（7）文稿内容真实，无伪造。

(8) 所有作者均已阅读文稿，且同意送稿（All authors have read and approved the manuscript being submitted, and agree to its submittal to this journal）。

(9) 建议审稿人及因存在竞争关系而不宜做审稿人的名单。

(10) 通迅作者（corresponding author）的姓名、详细地址、电话和传真号码、Email 地址。

(11) 通迅作者签名。

Science 对投稿信要求更多：

- The title of the paper and a statement of its main point.
- Any information needed to ensure a fair review process.
- Names of colleagues who have reviewed the paper.
- Also required for submission are the following: Names, telephone, and Email addresses for all authors.
- A statement that none of the material has been published or is under consideration elsewhere, including the Internet.
- Names, affiliations and Email addresses of five potential references.
- For investigations on humans, a statement indicating that informed consent was obtained after the nature and possible consequences of the studies were explained.
- For authors using experimental animals, a statement that the animals' care was in accordance with institutional guidelines.
- Copies of any paper by you or your coauthors that is in press or under consideration elsewhere that relates to the work submitted to *Science*, or of any paper that is cited in your paper as in press. These materials should be sent as attached PDF files in an email to science_editors@aaas. org.
- Written permission from any author who is not an author of your manuscript but whose work is cited as a personal communication or in press. Permission must allow distribution of in press manuscripts or relevant data to reviewers or any interested reader upon publication.

示例 19-1　投稿信范例-1

Dear Editor,

Enclosed for your consideration is an original research article, entitled "______".

1. All authors of this research paper have directly participated in the planning, execution, or analysis of this study.
2. All authors of this paper have read and approved the final version submitted.
3. The contents of this manuscript have not been copyrighted or published previously.
4. The contents of this manuscript are not now under consideration for publication elsewhere.
5. The contents of this manuscript will not be copyrighted, submitted, or published elsewhere, while acceptance by the Journal is under consideration.
6. There are no directly related manuscripts or abstracts, published or unpublished, by any authors of this paper.
We believe the paper may be of particular interest to the readers of your journal because the study reports that....

Correspondence and phone calls about the paper should be directed to ______ at the following address, phone and fax number, and e-mail address:

(your name and address here)

Thanks very much for your attention to our paper.

Sincerely yours,

(your name here)

许多论文因 SCI 期刊编辑部找不到合适的审稿人（Reviewer），致使稿件一拖再拖。提供审稿人名单和详细通讯地址，会加快审稿速度。此外，找到的审稿人也可能因不熟悉该研究方向，而低估稿件的意义而被退稿。因此，在投稿的同时，提供一些熟悉论文内容的审稿人是必要的。提供审稿人要尽可能熟悉该稿件所做的工作。审稿人可以在文章末尾的参考文献中找，也可以推荐你所熟悉的相同领域专家（示例 19-2)。

示例 19-2 投稿信范例-2

Dear Dr. ——,

I would like to submit the attached manuscript, "——" for consideration for possible publication in the Research Articles section of JCI.

My two nominees for associate editor are Dr. Smith and Dr. ——. Dr. Smith is well versed in the topic of the paper, while Dr. —— has used a methodology in his own research that is related to the methodology in the paper being submitted.

Regarding the option of nominating up tofour reviewers, my nominees are:

Name-1, Email address-1
Name-2, Email address-2
Name-3, Email address-3
Name-4, Email address-4

The nominees for associate editor and reviewers have no conflict of interest with any of the authors of the paper being submitted.

This paper (or closely related research) has not been published or accepted for publication. It is not under consideration at another journal. No other papers using the same data set have been published. (Note: If other papers using the data set have been published, please indicate the differences between the submitted paper and the other published papers.)

Sincerely,

(your name and address here)

2. 阅读投稿须知

从相应 SCI 期刊网站的 homepage 下载 Instruction for Author，并

且按照要求准备好原稿的所有文件，如投稿份数、论文格式、长度、图表、参考文献格式、配图说明等，逐条遵循。一般 SCI 论文可分为回顾性文章（review article）、普通论文（regular/research article）、快讯（short communication）等。不同的论文类型，对原稿的格式要求也有所变化。不同的学科，正文的内容和形式会有所增减；图表、公式的数量也会有所不同。此外，不但原稿的内容要符合 SCI 期刊的要术，而且在字数、页数、格式、文件储存形式等方面，均需与投稿的 SCI 期刊的要求一致。否则，论文在初选阶段会很快落选。

3. 投稿前询问

在将论文全文投稿前，研究人员也许可以从 *Science*、*Nature* 等编辑处获得非正式的反馈信息。这种服务的目的是节省时间——如果编辑认为论文不适合发表，可以将论文及时投到其他期刊，而不被耽误。如果希望使用投稿前询问服务，选择期刊的在线系统发送一段话，解释论文的重要性，以及论文的摘要或概述段和相关的引用目录，以便编辑能够将投稿与其他相关工作进行对比判断。编辑也许会很快邀请你递交完整的论文（这并不意味着发表的任何承诺），或许告诉你这篇论文不适合在该期刊发表。如果接到的是否定的回应，请不要回复。如果你确信自己论文的重要性，那就不要在乎编辑的疑惑，你可以通过期刊的在线投稿系统递交论文的全文。编辑会对你的工作做更详尽的评估。

4. 向 SCI 期刊投稿的方式

科技论文作者 SCI 期刊投稿的方式有三种。

1）邮寄形式

邮寄形式，即通过国际快件或航空将论文的原稿邮寄给期刊的主编或编辑部。

（1）稿件包装：一般应按以下顺序备齐资料。

➢ 投稿信。

➢ 论文稿拷贝份数。以打印稿（hard copy）投稿。

➢ 版权转让声明（可以在论文接受后追加）。

以上材料不要用订书钉固定，以免途中因订书钉移动而损坏稿件；但可以用大型曲别针固定，照片可以在信封中夹硬纸片保护。

（2）稿件邮寄。邮寄稿件应注意：正确的投稿地址及收稿人（见

“投稿须知”)。有的 SCI 期刊在“投稿须知”中特别指出投稿地址与订刊或订单行本地址不一样，以免造成时间耽搁。

邮寄稿件形式曾经是 SCI 论文投稿的近乎唯一的方式，现在采用这种方式接受来稿的 SCI 期刊越来越少了。

2）电子邮件形式

电子邮件形式，即作者将 SCI 论文 Email 给编辑部。现在有许多 SCI 期刊已经告别了邮寄和电子邮件的时代，开始只受理网上投稿。某些期刊仅允许一些没有图表的短文、特邀论文（review、book chapter）或“给编辑的信”通过 Email 投稿。几乎所有的 SCI 期刊均不接受 Fax 投稿。

3）网上投稿

网上投稿（online submission）方式速度更快，而且稿件不会丢失。目前网上投稿是主要投稿方式 。网上投稿常需要作者在线（Online）注册。一旦作者在网上登记注册投稿，每个主要步骤都有记录，很受 SCI 期刊作者的欢迎。

5. 网上投稿

(1) 网上注册（online registration），也称为作者注册（示例 19-3）。例如，打开网站 www. aginganddisease. org，击点【Register】，然后注册；要把自己的姓名、单位、联系地址，包括电话、传真和电子邮箱等登记得准确无误。

示例 19-3

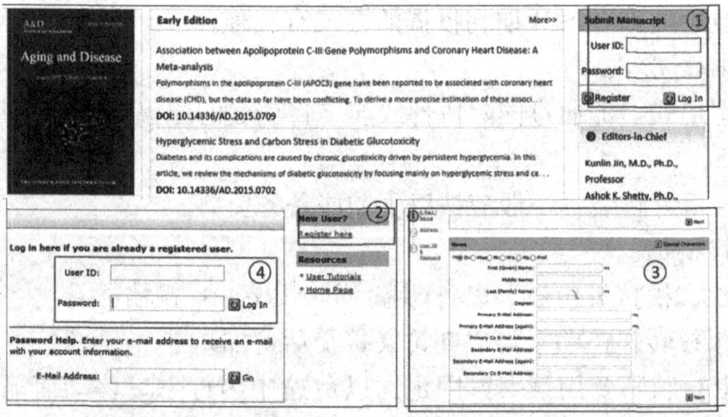

注册成功后，作者会收到 Email 回执（示例 19-4）。

示例 19-4　注册成功范例

Dear Dr. ———,

Thank you for registering for the Elsevier Editorial System online submission and peer review tracking system for Neurobiology of Disease.

Here is your username and confidential password, which you need to access the Elsevier Editorial System: http://ees.elsevier.com/ynbdi.

Your username is: ———, and Your password is: ———.

You can change your password and other personal information at: http://ees.elsevier.com/ynbdi/info_update.asp.

Editorial Office

(2) 按部就班地输入论文的各个主要部分（示例 19-5），如题目、作者、摘要、关键词、正文、图表等。在输入每个部分的时候，要通读该部分的有关要求，再次确认自己输入的文件是否符合要求。这听起来并不难，但实际上作者在这方面的疏忽却很多。

示例 19-5　网上投稿步骤

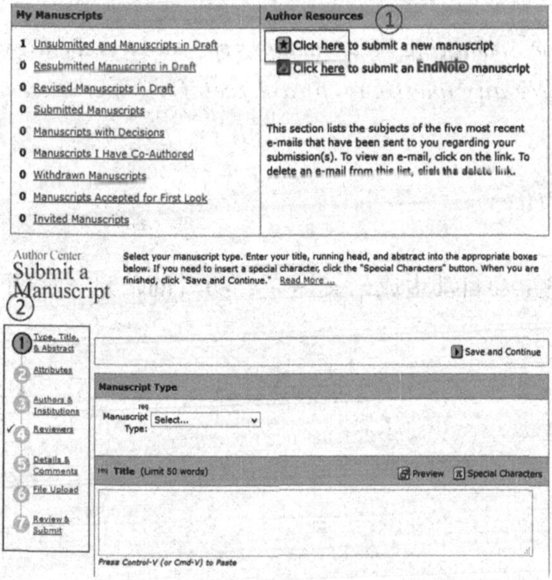

(3) 确认每个部分输入的完整性。有些作者在输入文件时过于匆忙，10个图只输入一半，这样的稿件即使到了编辑部也不能送审，只能返回作者补漏。如果审校员一时疏忽或主编没有察觉，将有缺欠的文章发出送审，则审稿人因为缺图，不能正常审阅文章。这样造成的麻烦所耽误的时间会更多。

(4) 输入文件完毕后，也就是所有的部分成功输入后，不要忘了点击投稿发送键(【Sending】或【Submitting】)。否则，稿件只会存储在作者自己的文件夹中，而不是发到编辑部的文件夹里。论文提交成功后，作者会收到Email回执（示例19-6）。

示例19-6 投稿发送成功范例

Dear Dr. ———,

This is to confirm that the above-mentioned manuscript has been received for consideration in Neurobiology of Disease.

You will be able to check on the progress of your manuscript by logging on to the Elsevier Editorial System for Neurobiology of Disease as an author.

Your paper will be given a manuscript number shortly and you will soon receive an e-mail with this number for your reference.

Thank you for submitting your manuscript to Neurobiology of Disease. Should you have any questions, please feel free to contact our office.

Kind regards,

Editorial Office

同时，网上会自动生成论文提交成功后的信息（示例19-7）。请打印保存。

示例 19-7

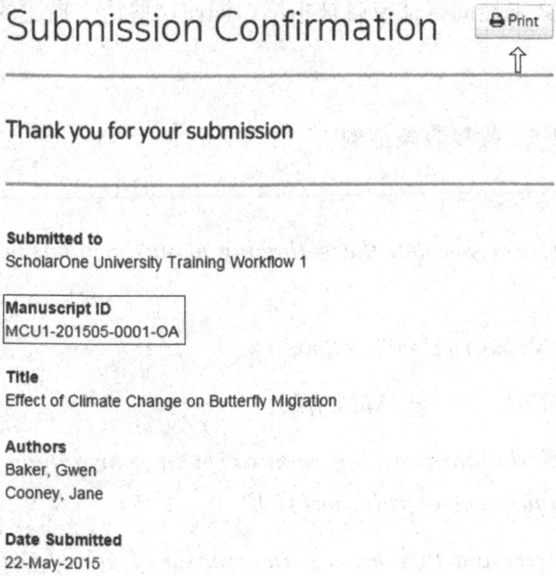

Submission Confirmation

Print

Thank you for your submission

Submitted to
ScholarOne University Training Workflow 1

Manuscript ID
MCU1-201505-0001-OA

Title
Effect of Climate Change on Butterfly Migration

Authors
Baker, Gwen
Cooney, Jane

Date Submitted
22-May-2015

目前，许多 SCI 期刊网上投稿，需把文件由一种存储形式转换到另一种存储形式，如 Word 文件变成 PDF 文件。在这个转换过程中，计算机屏幕上会呈停滞状态，看上去好像死机了。其实不然，只需耐心等待。如果有问题，屏幕上则会出现问题预警或解决问题的提示。如果作者不能自行解决故障或问题反复出现，作者可与出版社在线投稿支持系统的相关部门（online submission support team）联系，求得帮助。此外值得一提的是，部分著名出版社的网页上除附有投稿须知外，还专门设计了针对网上投稿的指导示范文件（tuition program）。总之，网上投稿并不难，关键是准备充分，而且在实际上机操作时按部就班，不能单纯求快，否则欲速则不达。

网上投稿后，编辑部还会给你一个正式的回执和稿件编号（示例 19-8）。稿件编号可用于稿件追踪（follow-up）。因此，要保存好。

有些期刊（如 *Nature*）收到投稿时，除了会提供一个编号还会安排一位编辑，这位编辑负责阅读论文，征询科学顾问和编辑部同事的非正式建议，并将你的投稿与本领域最近所发表的其他论文进行比较。如果论文看起来新颖、引人注目，所描述的工作很直接又有深远的意义，那么编辑会将论文送出去作同行评审，通常会送给两个或三个独立的专家。然而，因为期刊只能在某一领域或次领域发表极少数的论文，因此许多论文未经同行评审就被拒绝，即使这些论文描述的可能是可靠的科学结果。

示例 19-8　投稿收条范例

Dear Authors,

This is to inform you that the following manuscript has been submitted to the JCB.

Manuscript Number: F-00555-2007.

Manuscript Title: ——. Author list: ——.

You can track the status of the manuscript in your author center at http://mc.manuscriptcentral.com/JCB.

If you have received this message in error, or if one of your co-authors did not receive this message, please contact the corresponding author: Dr. ——.

Regards,

Peer Review Manager

6. 网上投稿常见问题

网上投稿通常快速并相对容易。然而，如果作者疏忽遵守期刊的要求，可能延迟或停止发送审稿过程（the submission and peer-review process）。网上投稿常见问题有以下几个。

(1) 论文字数超过规定的要求。例如，按要求，原稿不能超过 3000 字，可有的原稿长达 3200 字，甚至更多。

(2) 图不规范。

- 递交图文件（figure file）方式不正确。多数 SCI 期刊要求每单独图作为一个单独文件递交，而不是把所有的图合成为一个文件再递交。
- 图的分辨率太低。应该用高分辨率的图（300 dots per inch）。

- 图的格式（format）不对。常用图的指定格式为 GIF 、JPEG、TIFF。不要用非指定格式，如 PDF、WBMP、Word、RLE 和 PowerPoint。
- 没有图解（figure legend）。

(3) 没有递交“a conflict of interest disclosure”（利益冲突披露）。有些 SCI 期刊要求作者在投稿的同时，要递交“a conflict of interest disclosure”。

(4) 缺首页（Title page）。

(5) 缺摘要。

(6) 缺投稿信。

(7) 动物和人体实验没有被伦理委员会批准。

(8) 论文的格式不符合所投 SCI 期刊的要求。

7. 常见问题

问题 1：在 *Wiley* 投一篇文章，上传的时候一直上传不上去，不知道出现什么错误。好不容易上传上去，确认 PDF 格式的时候发现生成的 PDF 中图片不显示，排版出现了很大的变化。可是自己生成的 PDF 是对的。这是什么原因呢？怎么解决？

原因：网速的问题。

问题 2：论文提交（submitted）已经 2 个月了，可是网上状态一直都是 submitted，那是这是怎么回事？

原因：稿件正在审理，有时候出版社处理稿件比较慢。

第 20 章

SCI 论文审稿过程

1. 编辑部初审

编辑部收到稿件后，一般先进行初审。初审包括：

(1) 最基本的技术检查。主要是检查原稿是否包含了应该有的基本内容，包括文件形式、内容、作者联系方式及论文是否属于重复性投稿等。

(2) 论文的英文是否基本过关（非英语国家）。

(3) 论文的内容是否符合该期刊要求。

(4) 论文的水平是否符合该期刊要求。

Aging and Disease 编辑部采用汤森路透的 ScholarOne Manuscripts 在线投审稿系统初审稿件示意图见示例 20-1。

示例 20-1

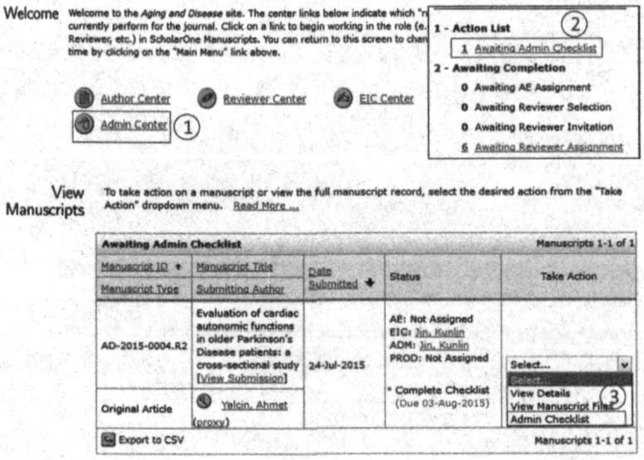

2. 编辑部初审后的结果

1）进行一步送审

目前大多数期刊实行的单盲评审，即评审人能够获知所评审论文的作者及机构信息，但论文作者却不知道是谁在评审自己的论文。但是，*Science* 及其子刊将提供论文双盲评审方式。在双盲评审模式中，评审人将无法得知所评审论文的作者及机构信息。在单盲评审模式中，评审人的意见会被作者或机构的声誉所影响。例如，评审人几乎不会否决诺贝尔奖得主的一个新奇发现，而发现如果是来自小国家学者则极易被评审人否掉。虽然科学是建立在客观证据之上的，但是科学也是人的行为，因此偏见和主观性就在所难免。显而易见，双盲评审的推出旨在提高同行评审过程的科学标准，降低出版偏见。

2）需补充和修改

一旦技术发现问题，如原稿过长等（详细内容见第 19 章），原稿会马上返回作者，进行必要的补充和修改。原稿一旦退回作者，文件便会重新回到作者自己在网上的投稿文件夹里，等候修改。与此同时，作者的 Email 内同样会收到一封编辑部的来信，明确告之稿件应该进行修改或补充的地方。作者只需上网从自己的文件夹中调出文件修改即可。一旦文件修改完毕，作者又要根据出版社信函中的提示，上网按步骤再将原稿发回 SCI 期刊的编辑部。这个操作过程与最初的投稿程序大同小异。

3）直接被拒绝（示例 20-2）

示例 20-2　论文直接被拒范例

Dear Dr.——,

I am writing to you on behalf of the Journal of Clinical Investigation's Editorial Board to thank you for submitting your manuscript, "——" (our reference 5555-RG-1). The Board has now had a chance to carefully consider your manuscript, but I regret to inform you that we feel the manuscript would not be appropriate for publication in the Journal of Clinical Investigation.

More than 4,000 manuscripts are submitted annually to the JCI, of which only a small percentage can be published. To facilitate the re-

view process, we submit all manuscripts to a review by the Editorial Board to determine their appeal to the Journal's general readership.

Although the Board regrets that it cannot offer to publish your manuscript, I would stress that this decision was based on issues relating to the priority assigned to your work relative to the other submissions under consideration.

Thank you for allowing us to review this work. We hope that you will continue to consider sending your work to the Journal in the future.

Sincerely,

Editor-in-Chief

直接被拒绝的原因主要有：

(1) 论文的水平没有符合刊物要求。例如，*Nature* 大致的评选机制：编辑首先决定这篇论文到底有多少分量，这个决定要在几天内完成，如果分量不够，就直接拒绝，每年全球大约有1万篇论文提交，60%～70%的论文当即否决掉；此后请专业评审团进行评估，大约3个月，都是相同专业领域的专家，评审通过率大约是20%；在听取评审团意见后再否决2000～3000篇，最后只剩下1000篇发表，最后的总发表率是10%。

(2) 论文的内容不符合该期刊的办刊宗旨和范围要求。

3. 编辑部送审

1) 同行评审

同行评审（peer review，在某些学术领域也称为refereeing），或译为同侪审查，是指一种学术成果审查程序，即一位作者的学术著作或计划被同一领域的其他专家学者评审。同行评审程序的主要目的是确保作者的著作水平符合一般学术与该学科领域的标准。一般学术出版单位主要以同行评审的方法来选择与筛选所投送的稿件录取与否，而学术研究资金提供机构，也广泛以同行评审的方式来决定研究是否授予资金、奖金等。

同行评审很重要，因为它能：

- 提高发表论文的质量。

- 确保以前的工作获得认可。
- 确定研究成果的重要性。
- 发现剽窃和欺骗行为。
- 在学术职业发展中发挥核心作用，没有同行审评，科学性的交流无法被规范。

2）同行评议的主要形式

- 单盲评审，大约有 60%的期刊采取单盲评审 。
- 双盲评审，采取双盲评审主要是限制审稿人的审稿倾向。
- 公开评审，即作者姓名和审稿人互相公开，如 *British Medical Journal* 一直坚持采用公开评审形式。但大部分审稿人并不希望公开自己的身份。88% 的期刊向作者反馈的是隐去审稿人身份的审稿意见。

3）审稿人的选择

同行评议或审稿是科学研究的基石之一。同行评议的期刊依靠专家的专业和客观的评审意见以确保刊出高质量论文。SCI 期刊的审稿人大多是各领域专家，期刊出版社经常征询编委意见，选择最佳审稿队伍。审稿人的责任是对论文的创新性和正确性进行审查；审稿意见一般应包括为提高稿件质量而应做修改的建议。审稿是无报酬的，审稿人的工作态度大多数极其认真。每一篇论文由 2～4 位评审人来判断其价值，并建议编辑是否接受或拒绝该论文。但编辑作出最后的决定，一般不会因为编辑个人的好恶或其他非科学因素而影响了论文的接受。因为，编辑来自不同的国家和地区，有着不同学科的专业背景，自己首先就是该领域的专家，他们的职责就是尽最大可能，寻找最优秀的论文。

Nature 编辑挑选审稿人的依据是：独立性，对论文做出全面、公正的技术方面评价的能力，目前或最近是否评审过相关投稿，以及在规定的短时间内是否能对投稿做出评审等。

有时候，期刊编辑可能希望由作者推荐论文的评审人，你应该怎样选择合适的论文评审人呢？一般情况下你可以选择你引用参考文献的作者中有影响力的人物作为你论文的评审人，为了更利于沟通和理解，你可以适当考虑审稿人与出版社的关系及审稿人的国籍等。

例如，我们想为在期刊 *Physical Review B* 上发表“巨磁阻效应”(Giant Magnetoresistance) 寻找论文评审人，你可以访问 Web of Science 平台；选择 Web of Science 核心合集，然后设置检索条件。输入课题名称，如 Giant Magnetoresistance。点击检索按钮之后，你就可以看到相应的检索结果了。在检索结果界面上，通过右上角的分析检索结果功能你可以快速了解该课题的 Web of Science 类别、文献类型、作者、机构、国家等。通过主题检索我们找到了有关“Giant Magnetoresistance”的文献有 10 359 篇。点击分析检索结果按钮，可以按照作者、机构等进行分析。将分析的字段选为来源出版物名称，同时选择分析结果的显示方式和排序方式，点击分析按钮（注：可根据需要选择显示前 25、50、500 等不同数目的分析结果等）。本研究领域发表论文量排名前 10 的期刊，你可以选择勾选期刊 *Physical Review B* 并点击查看记录按钮。对浏览的结果再次分析，发现在 *Physical Review B* 上发表此类论文最多的作者可作为推荐人选（示例 20-3）。

示例 20-3　二次分析检索结果——按作者

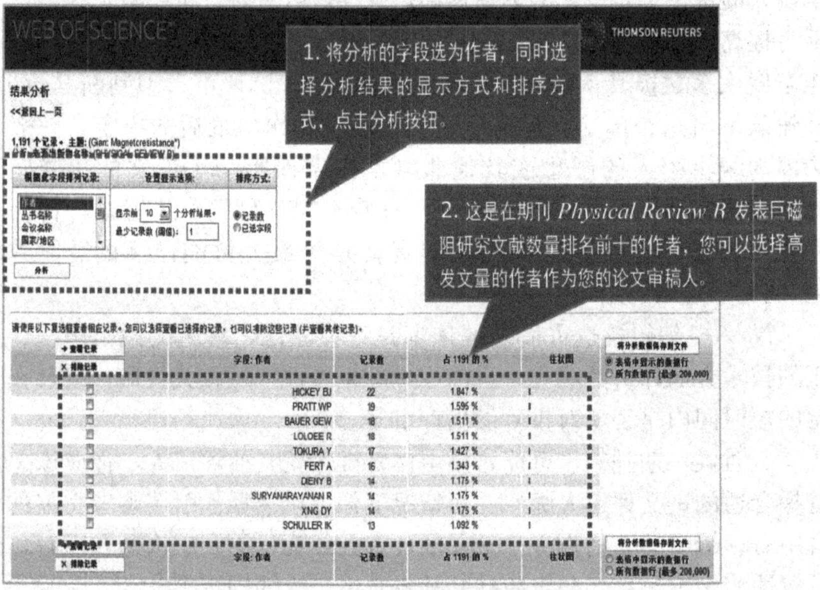

因此，通过 Web of Science 核心合集提供的强大的分析检索结果功能，可以立即了解你关注某个课题的重要研究人员，迅速找到合适的审稿人选。

Aging and Disease 用 ScholarOne 的 Manuscript Central 作为其在线同行评审系统来选择审稿人选（示例 20-4）。

示例 20-4

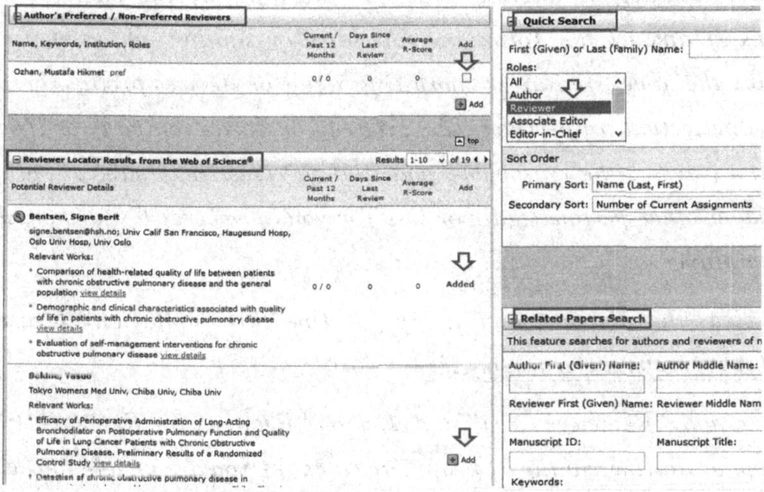

确定审稿人选后便可进行邀请（示例 20-5）。

示例 20-5 Editor 邀请 Reviewer 审稿的样稿信-1

MS TITLE：———

Dear Dr. ———，

I would appreciate your expert opinion as a reviewer of the above manuscript recently submitted for publication to Science. Given your knowledge and expertise in the subject areas upon which this manuscript is focused, I hope you will agree to participate in the review process.

Please advise the editorial office in your reply of any relevant rela-

tionship that might be reasonably perceived as a real or potential conflict of interest that could potentially influence or bias your review of this manuscript.

While most relationships are not disqualifying, if you believe that you have a disqualifying conflict of interest, financial or otherwise, please contact the editorial office immediately. A relationship is "relevant" if the relationship or interest relates to the topic of the manuscript in terms of any of the following: the same or similar subject matter or topic; the same, similar or competing drug or device, product or service, intellectual property or asset; a drug or device company or its competitor; or has the reasonable potential to result in financial, professional or other personal gain or loss for you, members of your household or employer.

To view the abstract and accept/decline this invitation, please go to: http://submit-science.org.

Enter your "Reviewer Area" and click on "Requests for Review". Please accept or decline via the appropriate links. If you are unable to review, please suggest appropriate alternative reviewers, giving their name(s), institution(s) and email address(es).

Sincerely,

Editor

如果同意，Editor 会给 Reviewer 一封信并告诉 Reviewer 如何下载论文和评审（示例 20-6 至示例 20-8）。

示例 20-6 Editor 给 Reviewer 审稿的样稿信-1

29-Aug-2013

Dear Dr. Baker,

Manuscript ID MCU1-2013-07-0010 entitled "Migration Patterns of the Cardinal" with Dr. Author as contact author has been submitted to the ScholarOne University Training Workflow 1.

I invite you to review this manuscript. The abstract appears at the end of this letter, along with the names of the authors. ~~Please let me know as soon as possible if you will be able to accept my invitation to review~~. Decline - Suggest Alternate: http://mc.manuscriptcentral.com/s1u-wf1?URL_MASK=eb8e3f82b7bc4eef884c75b1f087cd86

Agreed: http://mc.manuscriptcentral.com/s1u-wf1?URL_MASK=22580550b22f49ff8028f705935fa9e4

Declined: http://mc.manuscriptcentral.com/s1u-wf1?URL_MASK=e6468acd309245a58bf9777d9099c154

Unavailable: http://mc.manuscriptcentral.com/s1u-wf1?URL_MASK=7a91921ac93541f7885267a416fec872

Once you accept my invitation to review this manuscript, you will be notified via e-mail about how to access Manuscript Central, our online manuscript submission and review system. You will then have access to the manuscript and reviewer instructions in your Reviewer Center.

I realize that our expert reviewers greatly contribute to the high standards of the Journal, and I thank you for your present and/or future participation.

Sincerely,
Gwen Baker
ScholarOne University Training Workflow 1 Editorial Office gwen.baker@test.demo

示例 20-7 Editor 给 Reviewer 的样稿信-2

Dear Dr. ———,

Thank you for agreeing to review Manuscript ID-07-5555 entitled "———" for Cell.

In your review, please answer all questions. On the review page, there is a space for "Comments to Editor" and a space for "Comments to the Author". Please be sure to put your comments to the author in the appropriate space.

To access the manuscript, login to Cell-Manuscript Central site at http://mc.manuscriptcentral.com/cell. Once you are logged in, the Main Menu will be displayed. Please click on the Reviewer Centre, where you will find the manuscript listed under "Review and Score". You can click on the manuscript title from this point or you can click on the "View Details" button to begin reviewing the manuscript. It is essential that you click the "Save" button if you wish to exit the review before you submit it to the Editor. Otherwise, none of the information that you have entered will be saved in the system. When you have completed your review and are ready to submit it to the Editor, click on "Submit".

Thank you for evaluating this manuscript.

Best regards,

Executive Editor

示例 20-8　Editor 给 Reviewer 的样稿信-3

29-Aug-2013

Dear Dr. Baker,

Thank you for agreeing to review Manuscript ID MCU1-2013-07-0010 entitled "Migration Patterns of the Cardinal" for the ScholarOne University Training Workflow 1. Please try your best to complete your review within the next 2 weeks.

In your review, please answer all questions. On the review page, there is a space for "Comments to Editor" and a space for "Comments to the Author." Please be sure to put your comments to the author in the appropriate space.

To access the manuscript, login to the ScholarOne University Training Workflow 1 - Manuscript Central site at http://mc.manuscriptcentral.com/s1u-wf1.

http://mc.manuscriptcentral.com/s1u-wf1?URL_MASK=9430d9624403401ea33d55e2282c7c18

Once you are logged in, the Main Menu will be displayed. Please click on the Reviewer Center, where you will find the manuscript listed under "Awaiting Reviewer Scores." You can click on the manuscript title from this point or you can click on the "View Details" button to begin reviewing the manuscript

4）审稿人的道德责任

- 审稿人如果对稿件的论题不熟悉，或与作者的工作有潜在的利益或观点冲突，或与作者（之一）存在有可能影响到公正评审的私人关系时，应该回避评审，并将稿件退回给编辑。
- 审稿人应对稿件的内容保密，不能在会议交流或自己的论文中使用没有发表的信息。
- 审稿时应充分说明评判的依据。

5）论文进入 SCI 期刊的最基本要求

原创性是很多 SCI 期刊考虑是否录用论文的最主要出发点。任何期刊都不希望发表已经见于其他期刊，或由其他语言发表，或以稍有不同的形式发表的论文，SCI 期刊更是如此。要想在 SCI 期刊发表论文，原创性是最基本的要求。

6）论文评审标准（reviewer check list）（示例 20-9）

- 论文的内容是否适合该期刊的范围（aim and scope）。
- 论文是否提出了一个新的问题或对已有问题提出了一个新的解决方案。
- 论文的原创性（包括概念、治疗、方法、数据、解释和/或应用）和今后的价值或意义。

- 论文的主要结果或结论是什么？实验结果或结论是否充分？
- 论文所使用的方法的评价？论文技术含量如何？
- 结果或结论是否具有新颖性？结论是否与提出的假说或问题关连？结论是否被证明清楚？
- 主要结果或结论是否正确？
- 论文是否对所提出的技术/结果的有效性和局限性进行了评价？
- 论文写作是否清晰，是否能让本行业内多数研究人员读懂？
- 问题、概念、定义和/或假说的陈述是否清楚？
- 论文是否适当地引用和介绍了与之相关的历史文献？引用文献否是充分？
- 是否具有一致性（前/后，论述/结果）？
- 论文的英文是否过关？

示例 20-9　Elsevier 同行评审论文检查项目总表

第一印象

- 研究是否具有原创性、新颖性，是否对该领域有重要意义？
- 文章的组织结构和语言使用是否得当？

摘要

- 是否是概括性的？
- 是否包含主要研究成果？
- 长度是否合适？

引言

- 是否有效、清晰、条理分明？
- 是否确实从下文角度入手，介绍内容？
- 条理分明地给出建议，标识作者引用不明之处。
- 表述具体——不要概括点评“该作者做得不好”。

方法

- 如果同行做相同的实验能否得到相同结果？
- 作者是否将之前发布过的方法合适地引用？
- 文章对新方法的描述是否准确？
- 作者有没有、应不应该提供额外补充的资料？

研究结果和讨论

- 就数据呈现的方式提出可进行改进的空间。

- 就整体的逻辑性及解释和总结的合理性进行点评。
- 就数字、图表、图示的数目进行考量。
- 简明扼要地阐述你推荐此文的理由。
- 分别罗列语言风格、语法及其他细节的改进意见。
- 如果需要，提出进行补充实验或分析的建议。
- 指明需要修改更新的部分。
- 自我评估稿件是否具有出版价值。

结论

- 对结论的重要性、有效性和普遍性进行评估。
- 要求对不合理的陈述和概括进行淡化处理。
- 要求删除冗余和概括性的语言。
- 只有摘要的部分（非结论的部分）概括这项研究。

参考文献、图表、数据

- 检查准确性、数字和引用的恰当性。
- 对脚注进行点评。
- 对数据的质量和可读性进行点评。
- 评估图例、标题和轴标的完整性。
- 检查陈述的前后一致性。
- 评估使用颜色标注数据的必要性。

7）在线审稿平台

互联网的普及为稿件的处理方式带来了巨大的变革。摒弃传统的纸质信件而用Email处理稿件对出版行业的发展产生了深远的影响；而今自动化的网络投稿与审稿系统的使用，又为出版行业的发展带来了新的飞越。国际上越来越多的知名期刊采用网络投稿与审稿系统。Open Journal Systems、Editorial Manager（Aries System）及ScholarOne的Manuscripts Central是目前使用比较广泛的三种投稿和审稿系统。

ScholarOne的Manuscripts Central是全球领先的在线投稿、审稿平台。Manuscript Central拥有众多能够满足出版者需求的功能，让用户能够以创新的方式来提交、评审、注释和排版技术稿件。全球超过365家学术出版社和学会、4500多种学术期刊，以及超过1800万注册用户都在使用汤森路透的ScholarOne Manuscripts作为在线投审稿解决方案。《新英格兰医学杂志》(*New England Journal of Medicine*,

NEJM）和笔者创办的 *Aging and Disease* 也选择了 ScholarOne 的 Manuscript Central 作为其在线同行评审系统。

在这个系统中作者可以方便地在线投稿、随时在线查询审稿进度、方便获得审稿意见反馈；流畅规范的审稿流程管理和 Web of Science 智能信息支持，能提高审稿速度和质量。

审稿人登录汤森路透的 ScholarOne Manuscripts 在线投审稿系统后，可以进行在线评估（示例 20-10）。

示例 20-10

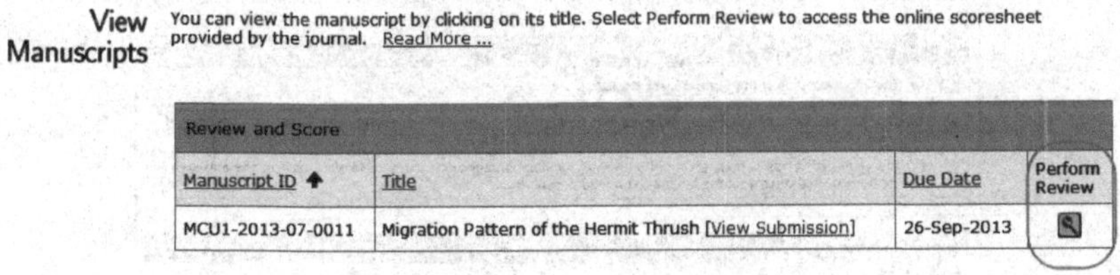

审稿人可以查看作者到各类文档。在击点【Score】后，可以进行评分(示例 20-11 和示例 20-12)。

示例 20-11

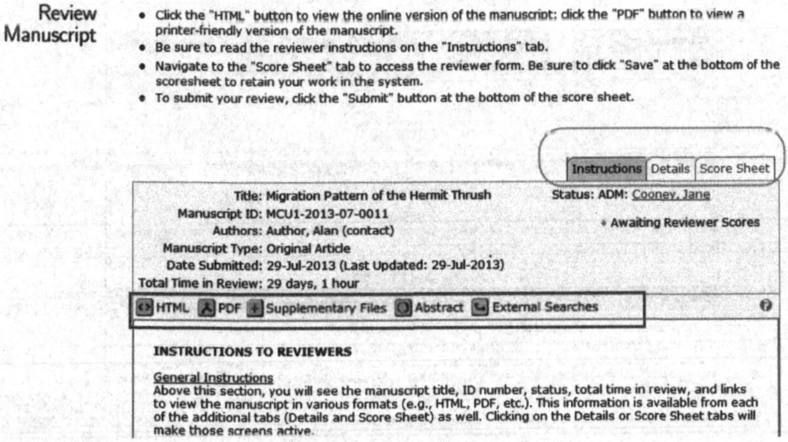

示例 20-12 SCI 期刊审稿人检查单(Reviewer check list)范例

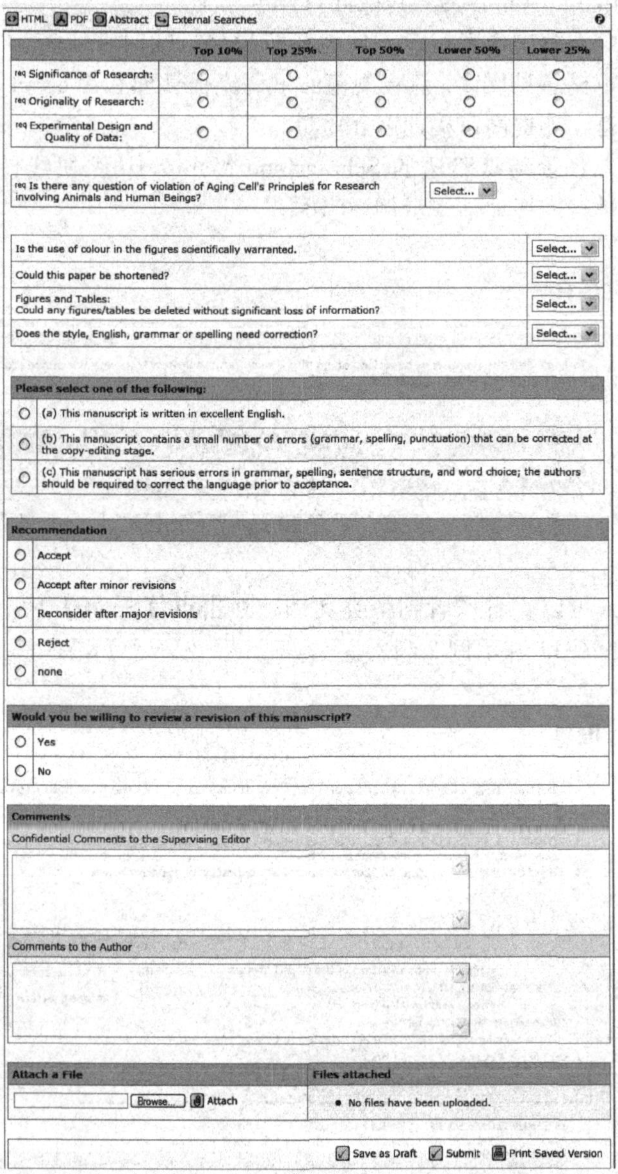

HTML PDF Abstract External Searches

	Top 10%	Top 25%	Top 50%	Lower 50%	Lower 25%
req Significance of Research:	○	○	○	○	○
req Originality of Research:	○	○	○	○	○
req Experimental Design and Quality of Data:	○	○	○	○	○

req Is there any question of violation of Aging Cell's Principles for Research involving Animals and Human Beings?	Select...

Is the use of colour in the figures scientifically warranted.	Select...
Could this paper be shortened?	Select...
Figures and Tables: Could any figures/tables be deleted without significant loss of information?	Select...
Does the style, English, grammar or spelling need correction?	Select...

Please select one of the following:	
○	(a) This manuscript is written in excellent English.
○	(b) This manuscript contains a small number of errors (grammar, spelling, punctuation) that can be corrected at the copy-editing stage.
○	(c) This manuscript has serious errors in grammar, spelling, sentence structure, and word choice; the authors should be required to correct the language prior to acceptance.

Recommendation	
○	Accept
○	Accept after minor revisions
○	Reconsider after major revisions
○	Reject
○	none

Would you be willing to review a revision of this manuscript?	
○	Yes
○	No

Comments

Confidential Comments to the Supervising Editor

Comments to the Author

Attach a File	Files attached
Browse... Attach	• No files have been uploaded.

Save as Draft Submit Print Saved Version

8）稿件追踪

投稿后稿件追踪（follow-up）。如果投稿 2 周后仍无任何有关稿件收到的信息，可以打电话、发 Email 或写信给编辑部核实稿件是否收到。现在邮件丢失是常有的事，即使是通过 Email 作为附件发的，也有服务器错认为病毒而删掉了你的投稿。Email 最好以回复的形式，保留原信件，提醒编辑部上次通信的时间、内容和稿件编号。询问文字要简洁，开门见山，不用客套话（示例 20-13）。

示例 20-13　稿件追踪样稿信

Dear Dr. ———,

I am just writing to enquire if you have received our manuscript（MS ＃：*555555*）?

Best.

（*your name here*）

所有通讯应该保持记录，避免问得过勤。可以在网上查询稿件状态（示例 20 14 和示例 20-15）。

示例 21-14

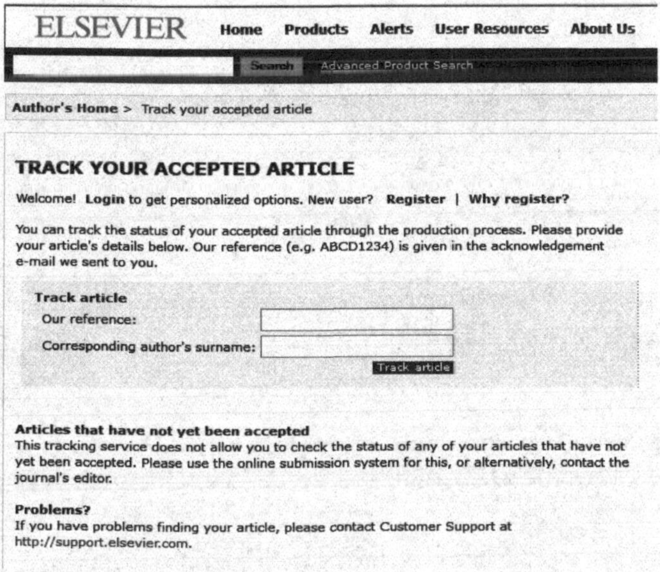

示例 20-15

Manuscript status

After your manuscript is approved, you will receive an email acknowledgement. You can check the manuscript's status at any time in the review process by:

1. Accessing the system with your password or via the link provided in the acknowledgement email.

2. Clicking on the link represented by your manuscript tracking number and abbreviated title on your homepage.

3. Clicking on the "Check Status" link at the bottom of the displayed page.

This procedure will display tracking information about where your manuscript is in the submission/peer-review process.

一般来说文章在接受之后，即被 Editor 转到期刊管理员（journal manager）那里继续处理，同期通讯作者应收到一封 Email 提供相应的 Reference code 和密码，可以通过 online 继续跟踪稿件后期的处理情况。例如，Elservie 出版社的跟踪稿件网站是 www. elsevier. com/wps/find/authorsview. authors。

第 21 章

如何正确对待审稿意见和退稿

1. 投稿后的结果

通常在 2 周到 2 个月，你会收到编辑的回复，包括审稿人的意见（Reviewers’ comment）和一封编辑的概括信（covering letter）。一般有下例可能性（示例 21-1 至示例 21-4）：

（1）原稿接受，无需修改（publish without change）。罕见。

（2）稿件退修，需轻微修改（publish with minor change）。不多见。

（3）稿件退修，需重大修改（publish with major change）。很常见。

（4）论文需重大修改，重投并当作新稿件处理（not publish in its present form，but resubmit after major modifications to then be treated like a new submission）。常见。

（5）完全拒绝（reject）。最常见。

示例 21-1　原稿接受，无需修改样稿信

Dear ——,

On the basis of reviewer's comments on your manuscript, I am pleased to inform you that your manuscript has been accepted for publication in the "—— journal".

For the pre-publication preparation, please read carefully the docu-

ment of "name of document" at "—— website" to access the resources you need for preparing the reference styles and the final complete package. When you save your manuscript into an MS-Word file, please use your Paper ID as the file name. For our production schedule, please submit your complete package to me within 14 calendar days.

Normally, the pre-publication process takes up to three months. During this period, galley proofs will be sent to you for checking and corrections purposes. The galley proofs must be returned to the production office within 7 calendar days. Furthermore, you are responsible for any error in the published paper due to your oversight.

I look forward to receiving the electronic file of your final manuscript.

Best Regards.

Editor

示例 21-2 稿件退修，需轻微修改样稿信

Dear ——,

Your manuscript, entitled "title of the paper", has been subjected to a double-blind review process by the reviewers who are experts in the related fields. Enclosed please find the reports from these reviewers.

Based on the reviewers' recommendations, I am delighted to inform you that your manuscript has been ACCEPTED WITH MINOR REVISIONS *for the "name of the journal".*

Please note that it is imperative for you to revise the manuscript according to reviewers' comments and guidelines. Once you have revised the manuscript, please email it in an MS-Word format to me at "Your Email Address" on or before MM DD, YYYY, with a cover letter outlining point-by-point the revisions you have made in regards to the reviewers' comments and guidelines.

Thank you very much for submitting your article to "the name of the journal". I look forward to receiving the revised version of your manuscript.

Sincerely,

Editor

Enclosures: Referees' reports.

示例 21-3　稿件退修，需重大修改样稿信

Dear Dr. ——,

We have now received the reviews of your manuscript referenced above. While the reviewers believe that this paper would ultimately make a significant contribution to the literature and could be acceptable for publication in The Journal of Neuroscience, they have also raised a number of serious concerns. These concerns are outlined in their reviews which have been included below. We invite you to revise and resubmit the manuscript.

Please carefully address the issues raised in the attached comments, point by point, and make appropriate changes in the manuscript, or provide a suitable rebuttal to any specific request for change that you believe is unwarranted. When the revised manuscript is received, it will be sent for re-review.

When submitting your revised paper, please include a separate document called "Response to Reviews" detailing your responses to the comments of the reviewers. To facilitate the electronic publication of your manuscript, we request that your manuscript text, tables and figure legend be submitted in an editable format (Word or LaTex only), and all figures uploaded individually. TIF or EPS files are the preferred formats for figures; however, PowerPoint, Word, and Excel files will also be accepted. DPI minimums are as follows:
- Line art must be at least 1000 dpi.
- Line/tone (combination of photographs and lines or labels) must be at least 500 dpi.

Thank you and we look forward to receiving your revised manuscript.

Kind regards.

Associate Editor

示例 21-4　论文需重投并当作新稿件处理样稿信

Dear Dr. ——,

Your manuscript has been reviewed by referees who specialize in the subject matter addressed by the submitted material. The general and specific comments of the referees are below. I regret to inform you that the reviewers raised serious concerns about the manuscript and submitted low priority ratings. In particular the concern was raised that the work was only a minor advance of the field and that several of the findings are already well established. Accordingly, I must reject your manuscript for publication in The Journal of Clinical Investigator. I hope that the reviewer's comments will be of assistance to you if you decide to submit your work elsewhere.

If you choose to rewrite your manuscript and resubmit it to The Journal of Clinical Investigator, you must resubmit it online as a de novo manuscript where it will be assigned an Associate Editor and expert reviewers. You must complete all required submission forms and pay the $50 submission fee. No exceptions will be made.

I thank you for submitting your work to The Journal of Clinical Investigator, and hope that the outcome of this particular review will not discourage you from sending future manuscripts to us.

Yours sincerely,

Associate Editor

一般来说，如果编辑回复的信中有以下的表达，稿件是拒稿（rejected）了。

（1）We regret to say that ....

（2）We suggest that you might submit it to another journal ....

（3）An increasing volume of submissions prevents us from publishing all worthwhile manuscripts we receive. Competition for space in our journal has increased sharply in recent months.

示例 21-4 所示的信中既有 rejected，又有再提交（resubmit）。问题是：知道是 rejected（declined）了，那么 resubmit 后有多大的希望？编辑是否只是客套话？

回答：一般来说，既然编辑给你重投的机会，说明他还是认可你的文章有新意或有价值；要认真按照审稿意见修改，要求补的实验都补上，我相信大部分情况下都是能接受的。

SCI 期刊编辑部除了给作者回复以外，同时告诉 Reviewer 编辑对论文的最后处理意见（示例 21-5）。

示例 21-5 Editor 写信给 Reviewer 样稿信

Dear Dr. ———,

Thank you for reviewing manuscript Cell-07-0555 entitled "———" for Cell.

On behalf of the Editors of Cell, we appreciate the voluntary contribution that each reviewer gives to the Journal. We thank you for your participation in the online review process and hope that we may call upon you again to review future manuscripts.

To read the Editors' decision on this paper, go to your Reviewer Centre and click on "View Decision Letter".

Sincerely,

Editor

2. 最常见的退稿原因

（1）主题（subject）。

- 内容不适合该期刊（not suitable for journal ）
- 不适时（not timely）

（2）论文内容（coverage）。

- 意义不大（questionable significance ）
- 不可信（questionable validity）
- 深度不够（too shallow）
- 过于详尽（too exhaustive）

（3）论文长度（length）。

- 论文太长（too long）

- 论文太短（too short ）

（4）论文表达（presentation）。

- 框架不好（bad organization）
- 表达不行（ineffective expression）
- 插图有问题（ineffective or unusable illustrations）

（5）论文格式（failure to follow style guide）。

有大约35%的投稿在同行评审之前被拒掉。投稿前，请你仔细校正核对避免错误。

3. 如何处理被拒的SCI论文

（1）要理解被SCI期刊拒稿是一件正常的事情（70%以上被拒）。因此，要保持良好心态。

（2）对完全拒绝的论文，编辑通常会表达不愿再看到该文，再寄送这类文章是没有意义的。应该补充修改后改投其他SCI期刊。

（3）审稿人有时也会犯错误，不仅有笔误也有专业知识上的错误，因为编辑找的审稿人未必是你相同领域的专家。如果作者对否定的原因有异议，可以向编辑部或主编提出自己的意见，据理力争。只要自己是正确的就要坚持。在回复中委婉地表达一下你的意见。如果编辑同意作者的意见，论文可以重新进入新的一轮审稿程序。这种情况很少见。成功的可能性很低。

（4）如果文章被拒绝是因数据或分析有严重缺陷，这类文章不妨先放一放，等找到更广泛的证据支持或有了更明晰的结论后，再将经过修改的“新”文章寄给同一SCI期刊，编辑通常会考虑重新受理。

（5）如果被拒论文不是由于文稿中的错误，而是重要性或创新性不够，作者仔细考虑审稿人意见并认真修改文稿后，可以寄给影响因子较低的其他SCI期刊。

4. 如何修回SCI论文

稿件退修（revised manuscript）。几乎所有的经审查学术水平达到出版要求的SCI论文，在发表前都需要退给作者修改其表达方式及编辑格式，如压缩文章篇幅、重新设计表格、改善插图质量、限制不规则缩写词使用等。然而退给作者修改的稿件并不代表文章已经被接受。有的稿件改动一次即可被刊物采纳，但也有的要反复修改多次才能被通过。

文章最终接受与否取决于作者对文章关键性重要内容和表述方式的修改能否达到审稿人及编辑的要求。当作者收到退修稿后，首先应该仔细阅读审稿人的意见。然后应考虑能否或愿意接受审稿人或编辑的意见。

从主编或编辑的回信和 Reviewer 修回意见可看出文章录用的可能性。主编的回信会特别提到你文章的科学创新性；审稿人对文章总的评价中会提到对文章是否感兴趣等；修回不要仓促，反复阅读、理解审稿人的问题。

如果作者在接到主编或编辑部转来的审稿人意见后，对其评价有很大的异议或不愿改动自己的论文，可以主动要求退稿。手续很简单，只需向编辑部发个 Email 即可，或自己上网撤稿。如果作者愿意根据审稿人的意见改动论文，则需改得全面彻底，并且对审稿人提出的疑问要一一作答。

如果一位期刊的编辑不建议再投稿，那么强烈建议你将论文发表在别的期刊上。但是，如果你确信编辑或审稿人严重曲解你的论文，那么你可以给编辑写信，解释你认为该决定不正确的科学理由（示例 21-6）。请记住编辑会优先处理最新的投稿和被邀请重投的稿件，因此会需要数周时间才能得到有关不同意见的回信。在这一期间，作者绝对不能将论文投到别处。为了你的研究论文能够不被耽误地发表，建议如果论文被拒绝了就将论文投交到别处，而不要将时间花在与编辑进一步的交流上。

示例 21-6　审稿人意见回复样稿

MS# ——, Title ——

***Reviewer 1 comments*:**

1. “*Categorical variables were collapsed for ease of interpretation of results*” *The word in there now is* “*easy*”.

   Response: *Sentence has been edited as suggested by reviewer on page 2.*

2. *Page 11, last full paragraph should be edited and read as presented.*

   Response: *Sentence has been edited as suggested by reviewer.*

3. *Provide more information about which cells are different from each other in Figure 1.*

   Response: *More information about inferential statistics has been provided in text and tables.*

***Reviewer 2 comments*:**

1. *Authors have not adequately addressed the issue of whether logistic regression findings were partially driven by the low levels of smoking within the occasional and light smoking subgroups.*

   Response: During the last round of revision, we added Figure 2 to address this issue. Figure 2 essentially shows that the relationship between levels of smoking and number of smoking reduction strategies used was true within each of the four smoking subgroups. This is consistent with results of the logistic regression.

2. *On page 6 when defining occasional smokers, change "in" to "on".*

   Response: Done.

3. *The rationale given by the authors for —— does not provide reader with additional information.*

   Response: Statement has been revised as suggested by reviewer.

5. 稿件退修时的注意事项

(1) 对审稿意见要十分尊重，对每一条批评和建议，都要认真分析。所有问题必须逐条回答（response to reviewer's comments 1,2,3）。

(2) 对修回稿中已修改的地方要具体标明第几页，第几行（page, lines）。

(3) 尽量满足意见中需要补充的实验。

(4) 审稿人由于知识限制和某种成见，甚至学术观点不同，判断错误并建议退稿常会发生。要极其慎重和认真地回答，有理有据地与审稿人探讨。但要委婉地礼貌地表达你的观点（示例 21-7）。

示例 21-7

[不推荐] The reviewer's comment was wrong, ...

[不推荐] The referee's idea is bad, but mine is good.

[推荐] The reviewer's comment is very interesting. However, we found that ....

[推荐] It would be very interesting to see .... However, ...

[推荐]　The referee has an interesting notion, but the proposed idea is also good, particularly in light of this or that fact.

(5) 不能做的也不要回避，说明合理理由。

(6) 审稿人是论文的第一读者，如果他都没有读懂你说的某一方面，作者得考虑自己的文章有什么问题让人家不懂，否则发表后如何面对更多的读者？你需改得更清楚。

(7) 如果你的论文又被拒绝是因为有一个审稿人对你的论文有很好的评价，但另外一审稿人对你的论文评价很差。此时，如果你有理由认为审稿人不合理对待你的论文。你可以写信给编辑要求更换审稿人。编辑一般会将你的论文寄发给第 2 位审稿人。如果这位审稿人也评价很差。那么，应该补充修改后改投其他 SCI 期刊。

(8) 给编辑回信，感谢给论文提出的修改意见，并指出按修改建议已作的修改，未作修改的地方要说明理由（示例 21-8 和示例 21-9）。

示例 21-8　SCI 论文 Resubmission 样稿信-1

Dear Editor,

Thank you so much for giving us an opportunity to revise this paper. We have considered comments from reviewers carefully and have made revisions to address their concerns. I hope this revised version is acceptable for publication.

Sincerely,

(your name here)

Manuscript #:Cell-07-555

"______"

Response to comments of reviewers

Reviewer 1:

General comments: ....

示例 21-9　SCI 论文 Resubmission 样稿信-2

Dear Dr. ———,

Thank you for the opportunity to revise our manuscript # 2007-5555 entitled, "——". We are grateful for the detailed comments and suggestions provided by each of the reviewers, and we believe that their input has greatly improved our manuscript. Because of the number of comments and level of detail provided by each of the reviewers, we have included their comments verbatim in italics, followed by our comments and revisions in bold. Although this makes a rather lengthy cover letter, we believe that it will provide you and your reviewers with the best explanation of the changes that we have made.

Sincerely,

(your name here)

Response to comments of reviewers ....

6. Resubmission 后的结果

论文修正回后能否说你的论文发表没有什么大问题了？那也不一定。主要看审稿者对你回答的问题是否满意，或接受，或让你再改，或拒绝。没见到以“accept”、“acceptance”为核心词，以及“... pleased to inform you ...”等伴随词之前，稿件的去向都说不定。你如果已经修回，只能是 revised，而没有接到正式的、明确的通知，不能现在就自称 accepted 或 in press。

一般来说，Resubmit 你的论文后，如果是 Major revision，编辑部还会把论文让原来的审稿人重审。如果是 Minor revision，编辑可以做出决定（示例 21-10）。

示例 21-10

Dear Prof. Jin,

We have received the manuscript revisions from Dr. Zhang regarding "——", which you have previously reviewed for STEM CELLS.

Thank you for agreeing to re-review the manuscript revisions. Please advise us as to whether your comments have been sufficiently addressed for publication.

To access the article, log in to your account at Manuscript Central, http://mc.manuscriptcentral.com/stemcells. To view the authors' response to reviewers, click on the "Details" tab and scroll to the bottom of the page where you will find a link to the response.

Please provide clear and concise comments for the author without promising or directly alluding to publication. Please return your comments as instructed on Manuscript Central.

Thank you for your time and attention to ensure a smooth review process. If you have any questions, please contact Rebecca White at rebecca.white@AlphaMedPress.com or 919-680-0011 x225.

Thank you again for your invaluable service.

———

Chief-in-Editor 登录汤森路透的 ScholarOne Manuscript 在线投审稿系统后，可以进行在线处理样稿信（示例 21-11）。

示例 21-11

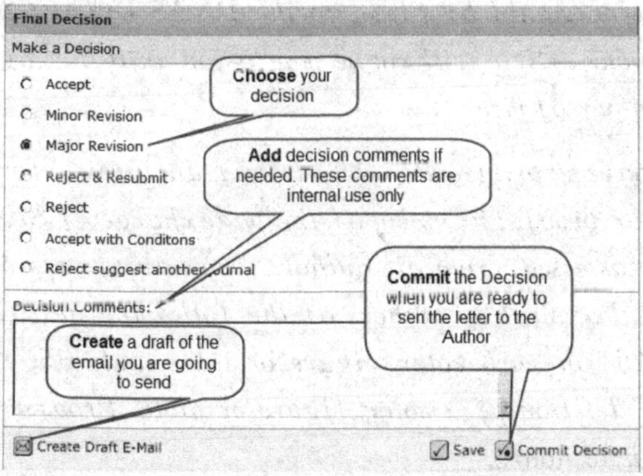

7. 常见问题

➢ 千万不要一稿多投。也不要把已经发表的中文版的论文改成为英文再投 SCI 期刊。反之，也不行。但是一篇会议论文经过修改以后可以再投 SCI 期刊。

➢ 论文被一家SCI期刊拒绝后不经修改，又寄给另一家SCI期刊。

8. 论文被接受

修回论文稿后（大约1个月），作者会收到编辑的信。一般为同意接受发表（示例21-12）。

示例21-12　SCI论文被接受样稿信

Dear Dr.——,

We are pleased to inform you that the PNAS Editorial Board has given final approval of your article for publication. The Editor who conducted the initial review of your manuscript [MS# 2007-——], will also be informed of the decision.

If you have not done so already, please complete and sign the Copyright Assignment form <http://www.pnas.org/misc/copyright.pdf>. If practical, all authors should sign the copyright assignment form. If all authors are not available, the corresponding author may sign on their behalf. The form should be faxed to the PNAS office (202-555555). Proofs for your article will not be sent to you until the copyright form is received in our office.

You will receive reprint order details and an invoice for publication fees with your proofs. Payment of the page charge of $70 per printed page will be assessed from all authors who have funds available for that purpose. Payment by authors of the following additional costs is expected: $325 for each color figure or table and $150 for each replacement or deletion of a color figure or table. Proofs should be returned within 48 hours.

Sincerely yours,

Editor-in-Chief

同时，作者也会收到版权签字表格（copyright assignment form）。作者需要在版权签字表格上签字后，论文才能发表。一般情况下，中国作者在示例 21-13 中 A 栏目和底部签字就行。签名要用英文不用中文。英文要与作者文中的姓名一致。

示例 21-13　版权签字表格

Transfer of Copyright

The author(s) hereby affirms that the manuscript entitled: ______________________________

to be published in ______________________________

is original, that all statements asserted as facts are based on author(s) careful investigation and research for accuracy, that the manuscript does not, in whole or in part, infringe any copyright or violate any law of privacy or other personal or property right whatsoever; that it has not been published in total or in part; is not being submitted and/or considered for publication in total or in part elsewhere; and that the author(s) has full authority to enter into this copyright agreement and to make the grants contained herein.

In signing this form, each author acknowledges that he/she participated in the work in a substantive way and is prepared to take public responsibility for the work.

The author(s), in consideration of the acceptance of the above work for publication, does hereby assign and transfer to Mary Ann Liebert, Inc. all of the rights and interest in and to the copyright of the above-titled work in its current form and in any subsequently revised form for publication and/or electronic dissemination.

A. All authors must sign. (Please photocopy this form if more than three authors.) Please sign in the same order in which the authors' names appear on the title page of manuscript.

Signature ____________ Print ____________ Date ________
Signature ____________ Print ____________ Date ________
Signature ____________ Print ____________ Date ________

B. The above-named work was written as part of the duties of our employee(s) or specially commissioned by employe… …ade for hire." As an authorized agent of the employer, I hereby execute the copyrig… on behalf of employer.

签字

Employer's Name (print) ____________ Date ________
Authorized Agent's Name (print) ____________
Signature ____________
Title (print) ____________

C. The above work has been written in the course of employment by the United States Government so that no copyright exists, and thus there is no transfer of copyright.

Signature ____________ Print ____________ Date ________
Signature ____________ Print ____________ Date ________

Warranties: The author(s) warrant(s) that the article is the author's original work and has not been published before. The author(s) warrant(s) that the article contains no libelous or other unlawful statements, and does not infringe on the rights of others. If excerpts from copyrighted works are included, the author(s) has (have) obtained, or will obtain, written permission from the copyright owners and will credit the sources in the article.

Financial Disclosure: By signing below, I certify that any affiliations with, or involvement with (either competitive or amiable) in any organization or entity with a direct financial interest in the subject matter or materials discussed in the manuscript (e.g., employment, consultancies, stock ownership, honoraria, expert testimony, etc.) are noted below. Otherwise, my signature indicates that I have no such financial interest. All financial research or project support is identified in an acknowledgement in the manuscript.

Statement of Financial Interest (if any): ______________________________

Signature ____________ Print ____________ Date ________

第 22 章

如何修改 SCI 论文的样稿

SCI 论文被接受后，作者不久会收到接受论文的样稿或校样（proof）。校样是指论文在期刊上发表前供校对用的印刷样张。国外许多英文生物医学期刊在论文发表前将校样送给作者核校；有些期刊则在"投稿须知"中约定，除非作者要求否则不发作者校样。核改校样是文章发表前最后一次纠正错误的机会，因此应逐字逐句仔细核校，力争将错误降到最低限度。样稿一般排版为 PDF 文档，还有少数为 TIFF 文档。

1. 论文的样稿（示例 22-1 和示例 22-2）

示例 22-1　论文的样稿信

Dear Author,

We are pleased to inform you that your paper is nearing publication. The page proofs are available at: http://www.sps-spitech.com/springer/——.

The proof shows the paper as it will appear later in print except that:
-The pages are not numbered but the lines are, to ease reference to any passage to be corrected.
-This proof has been optimized for online presentation. Please note

that color figures will appear in color in the online version, but not necessarily in the printed edition. See the comment on the proof as to whether they will be printed in black and white.

You can help us facilitate rapid publication by returning the corrected proof of this paper within 2 working days. Please first read about the proof procedure to learn how to proceed and also to obtain information about online publication.

Thank you very much. We hope you are pleased with the publication.

Sincerely,

Springer

示例 22-2　校样范例

AUTHOR'S PROOF　　JrnlID 11481_ArtID 9076_Proof# 1 - 08/05/2007

Jrnl Neuroimmune Pharmacol (2007)
DOI 10.1007/s11481-007-9076-0

INVITED REVIEW

Abstract Despite progress in our understanding molecular mechanisms of neuronal cell death in many central nervous system (CNS) diseases, widely effective treatments remain elusive. Recent studies have shown that neural stem cells (NSCs) are present in the subventricular zone (SVZ) of the lateral ventricles and the subgranular zone (SGZ) of the hippocampal dentate gyrus (DG) in adult mouse, rat, nonhuman primate, and human brain. Newly generated cells in the SGZ can differentiate into mature, functional neurons and integrate into the DG as granule cells, which are involved in memory formation. In addition, many CNS diseases can stimulate the proliferation of neuronal stem/progenitor cells located in the SVZ and SGZ of the adult

The duties of a good physician involve two main tasks: to correctly diagnose the patient's affliction and to subsequently provide effective treatment for such an affliction. With current technological advances, it is increasingly possible to make correct diagnoses of neurological diseases. The latter task, however, is much harder to fulfill for finding effective treatments for many central nervous system (CNS) diseases such as stroke, Alzheimer's disease (AD), and Parkinson's disease (PA), which remain one of the biggest challenges of the 21st century (Lindvall and Kokaia 2006). Different neurological diseases are usually caused by different pathogenic processes, but their common feature is neural cell death, which may affect different regions of the brain or spinal cord

(1) 核校内容。期刊编辑部发作者校样的目的只是为了让作者纠正校样中可能存在的错误，主要是印刷错误，而不是让作者重写或大改文章。因为在校样阶段改动太大，一是会延误期刊的按时出版；二是有可能因版面调换而出现新的、更大的错误；三是费用较高。因此校样应尽量少改动（仅作必要的改动），在给编辑的信中回答编辑提出的各种问题。另外，校样应在规定的时间内按要求尽快返回编辑部，以免拖延期刊按时出版，或因编辑部等不及校样而使错误不能得到更正。

（2）确为原稿内容。摘要、正文、图和表中的研究或观察数据及结果是否一致？在打印过程中无任何遗漏；注意拼写、转行或打印错误；核查图表数据及显微照片的方向。

（3）正确使用校对符号。国外英文生物医学期刊往往要求作者用标准的校对符号（proofreader's mark）校稿（marking proof）。而英国和美国等国家使用的校对符号与中国编辑出版界使用的校对符号不完全一致；另外，它们往往使用双重校对系统（double marking system)，即不仅在文中需修改的部位做出标记，还在文旁再作标记以引起注意。

如果SCI论文被接收了，但是还没有收到校样，由于工作单位变动，是否可以在收到校样后修改第一作者单位地址？不行！因为投稿时的工作单位是你在稿件中单位完成的。但是，可以写上作者为×××单位，现在×××单位。

2. 用样稿修改符号(Proof Correction mark)进行样稿修改

样稿经常会发现有几处错误，需要修改。你可以列出校样稿中要修改的地方，直接Email给编辑部，他们会帮你修改。但许多期刊要求将正确的文字标在样稿的两边，即直接标注在PDF文件上。这时你要用国际通用“Proof Correction mark”进行标注。修改后的样稿直接传真或寄给编辑部，也可以扫描后Email给编辑部。一般情下，SCI论文的样稿要求在24～72h内寄回。

3. 直接用Adobe Reader软件在PDF文件上进行修改

现在有些SCI期刊要求直接用Adobe Reader软件在PDF文件上进行修改 。PDF文件是独立性的文件，包含所有适当的格式化和所有字体，可以显示在计算机屏幕和打印纸上。要查看和修改你的样稿，需要Adobe Reader版本7（或更高）。该软件可用于PC、Mac和UNIX机器，是免费的，并可以从http://www.adobe.com/products/acrobat/readstep2.html下载。

4. 如何用 Adobe Reader 软件进行修改

（1）打开 PDF 文件（open the PDF file）。要把 PDF 文件的样稿做注释或修改，先打开 Adobe 主要工具栏【toolbar】。一般来说，用 Adobe Reader 打开 PDF 文件，应该自动地显示【Commenting toolbar】（示例 22-3）。如果没有，点击【Tool】，选【Commenting】，然后点击【Commenting toolbar】。如果这些选择都不行，那么可能是你的 Adobe 版本比版本 7 低。然后打开要修改的 PDF 文件。

示例 22-3　Commenting toolbar

（2）插入文字（Insert text）。点击【Commenting toolbar】中的【Text Edits】按钮。将鼠标位置移到需要修改的地方，然后开始键入要修改的文字。通过点击在右上角【×】关闭【box】。也可以通过用单击鼠标右键选择【Delete】来删去输入的文字。

（3）替换文字（replace text）。点击【Commenting toolbar】中的【Text Edits】按钮。然后选择（highlight）要替换的文字，将鼠标移到要替换的文字上并点击，然后输入替换文字。如果要替换某些格式化的文字（如等式），请附文件（如下所示）。

（4）消除文字（remove text）。点击【Commenting toolbar】中的【Text Edits】按钮。扯拽（drag over）要被删除的文字并点击。然后按删除键。

(5) Highlight 文字/评论（highlight text/make a comment）。点击【Commenting toolbar】中的【Highlight】键。然后 highlight 相应的文字。要作评论，双击【Highlight】的文字，然后键入你的 comment。

(6) 附件（attach a file）。点击【Commenting toolbar】中的【Attach a file】键。点击要被替换图、制表或文字。窗口将自动地打开，允许附有文件。

(7) 评论（leave a note/comment）。点击【Commenting toolbar】中的【Note Tool】键。将鼠标移到相应的文字上并点击，然后开始键入文字。但不要使用这个特点做原文编辑。

(8) 复阅（review）。要复阅已有的变动，点击【Commenting toolbar】中的【Show】键。选择【Show Comments List】。

5. 实例分析（示例 22-4 至示例 22-6）

示例 22-4 修改后的校样(proof)范例-1*

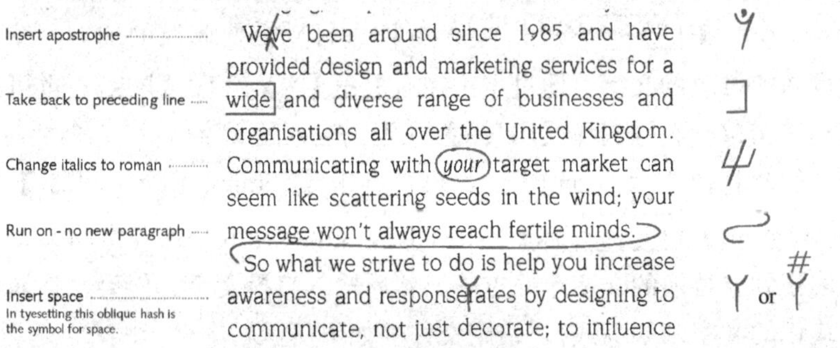

示例 22-5 修改后的校样范例-2

* http://www.journalismcareers.com/articles/downloads/proofreadingsymbols.pdf

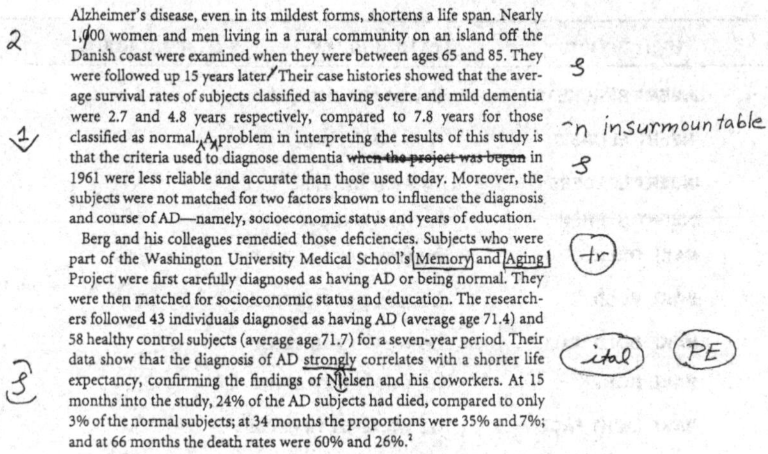

Alzheimer's disease, even in its mildest forms, shortens a life span. Nearly 1,000 women and men living in a rural community on an island off the Danish coast were examined when they were between ages 65 and 85. They were followed up 15 years later. Their case histories showed that the average survival rates of subjects classified as having severe and mild dementia were 2.7 and 4.8 years respectively, compared to 7.8 years for those classified as normal. A problem in interpreting the results of this study is that the criteria used to diagnose dementia ~~when the project was begun~~ in 1961 were less reliable and accurate than those used today. Moreover, the subjects were not matched for two factors known to influence the diagnosis and course of AD—namely, socioeconomic status and years of education.

Berg and his colleagues remedied those deficiencies. Subjects who were part of the Washington University Medical School's Memory and Aging Project were first carefully diagnosed as having AD or being normal. They were then matched for socioeconomic status and education. The researchers followed 43 individuals diagnosed as having AD (average age 71.4) and 58 healthy control subjects (average age 71.7) for a seven-year period. Their data show that the diagnosis of AD strongly correlates with a shorter life expectancy, confirming the findings of Nielsen and his coworkers. At 15 months into the study, 24% of the AD subjects had died, compared to only 3% of the normal subjects; at 34 months the proportions were 35% and 7%; and at 66 months the death rates were 60% and 26%.[2]

示例 22-6　国际上常用的 Proof Correction mark*

Instruction	Textual mark	Margin mark
INSERT TEXT	be or to be	/to/not
REPLACE TEXT	to be or not the be	/to
DELETE TEXT	it's a a beautiful day	ℊ
DELETE TEXT	he's a simple boy	ℊ
DELETE/CLOSE SPACE	it's a beaautiful day	ℊ
LEAVE UNCHANGED	he was not in error	STET
INSERT PERIOD	to me The point is	⊙
INSERT COMMA	red white and blue	,
INSERT COLON	three groups the	:
INSERT SEMI-COLON	he said she said	;
INSERT APOSTROPHE	its a beautiful day	'
INSERT QUOTATIONS	Wow! she said	"/"
INSERT SINGLE QUOTES	Wow! she said	'/'
INSERT PARENTHESES	it was the time of	(/)

*http://www. jaggercreative. co. uk/proofingmarks. pdf

续表

Instruction	Textual mark	Margin mark
INSERT BRACKETS	it was the time of	{ / }
INSERT ELLIPSIS	And so it goes	⊙⊙⊙
INSERT LEADERS	1999 Wine List	⊙⊙⊙
INSERT HYPHEN	he had red eye	=/
MAKE ITALIC	he was not in error	ital
MAKE BOLD	he was not in error	bf
MAKE BOLD ITALIC	he was not in error	bf + ital
MAKE ROMAN	he was *not* in error	rom
MAKE LIGHT FACE	he was **not** in error	lf
CAPITALIZE	Sam kennedy said	cap
MAKE SMALL CAPS	he lived in 300 B.C.	sc
CAP & SMALL CAP	julius caesar	cap + sc
MAKE LOWER CASE	SAm Kennedy said	lc
MAKE LOWER CASE	Sam KENNEDY said	lc
SUPERIOR	E=MC2	2 or sup
INFERIOR	comprised of H2O	2 or sub
NEW PARAGRAPH	to me. The point is	¶
RUN ON (NO NEW PARAGRAPH)	to me. The point is	no ¶
MOVE TO NEXT LINE	she could not re-	runover
MOVE UP FROM NEXT LINE	she could not re- cover from it	move up
WRONG FONT	that beautiful day	wf
TRANSPOSE LETTER	he was not ni error	tr
TRANSPOSE WORD	he not was in error	tr
MOVE TEXT	He tried to call her (immediately)	tr
CENTER TEXT	The End	center
INDENT TEXT	In the beginning	indent
NO INDENTATION	In the beginning	flush
MOVE TEXT RIGHT	1999 Financial Plan	]

续表

Instruction	Textual mark	Margin mark
MOVE TEXT LEFT	1999 Financial Plan	
LOWER TEXT	She has a big heart	
RAISE TEXT	She has a big heart	
ALIGN TEXT/COL. VERTICALLY	to me and the others. The point is that	||
ALIGN HORIZONTALLY	She has a big heart	align
ADD SPACE	She has a bigheart	#
CLOSE UP SPACE	She has a big h eart	
EQUALIZE SPACE	She has a big heart	eq #
SPELL OUT	She weighed 20 lbs	sp
INSERT EM DASH	Space the final frontier	m
INSERT EN DASH	during 1996 1999	n
INSERT LEADING	He tried to call her but she was not home	#
DECREASE LEADING	He tried to call her but she was not home	reduce #
REMOVE UNWANTED	but she was not home	x
ADD RULE	The Big Chill	2 pt rule

第23章

SCI 论文中英文写作的语言技巧

中国 SCI 论文偏少，除了基础研究水平的限制，语言障碍不容忽视。许多中国人可能有这样的感触：花大精力学了几年英语，可效果并不好，和外国人交流时听不懂、说不出；单词背了一大堆，但是真正要用的时候却怎么也找不着合适的，写出来的文章翻来覆去就那么一点词汇，要表达复杂或再精确一点的意思的时候，觉得很难。出现这种情况的原因有多方面，除了反复背单词的教育导致学生的创新能力降低，过分依赖课本之外，中西方文化差异也是主要原因之一。中西方文化的差异是由于有着各自不同的历史、文化背景、生活方式所致。例如，在中国，熟人见面打招呼时，常问"你吃饭了吗?"或"你要去哪里?"。而在美国，问别人"Have you had your meal?"是在委婉地邀请别人吃饭。若发生在未婚男女青年之间，则暗示着约会。"Where are you going?"在西方人看来是个人私事，若问别人就等于窥探别人的隐私。许多在中国人眼中表示友好的问候，西方人可能会感到反感。还有，中国人习惯于表达礼节性的谦虚，表现在多个方面。例如，现在有些美国人也知道了中国人收礼之前先要拒绝若干次，所以送礼的人一定要坚持，直到中国人接受为止（People often decline a gift several times before accepting it. Be persistent until they accept)。再如，中国学者在 SCI 论文标题中经常会用到"Elementary introduction of ...（浅谈）"、"Primary study of ...（初探）"等自谦词，给人造成一种研究不深的错觉。这种中西文化差异还导致了许多人用英语写作时，也会受到汉语表达方式的影响，经常采用与汉语表达方式类似的英语句型，而不善于使用地道的英语句型（示例 23-1）。

示例 23-1　非英语习惯性表达

（1）北京申奥成功的消息令我们热血沸腾。

［误］Beijing's winning the bid for the Olympics makes our blood boil.

［正］Beijing's winning the bid for the Olympics makes us excited.

（2）让我帮助你的工作。

［误］Let me help you to do your work.

［正］Let me help you with your work.

（3）等一下，我马上回来。

［误］Wait here please, I'll come back in a minute.

［正］Wait here please, I'll be back in a minute.

（4）周末许多人睡得很晚。

［误］Many people sleep late at weekends.

［正］Many people go to bed very late at weekends.

必须提出的是很多中国青年科研人员和研究生喜欢先写出论文的中文稿，再译成英文。但笔者认为论文在撰写时要自始至终都用英语写，不要先写中文再译成英文。要不然写出来的文章有可能是中国式英语（Chinglish）。

中国式英语应该分为两种情况来看待：一种是 ChineseEnglish，一种是 ChinaEnglish。其中 ChineseEnglish 就是 Chinglish，是用中式的语法和英式的词汇组合成的，属于语言的不规范使用。常见 Chinglish 类型有以下几种。

1）汉语硬译（示例 23-2）

示例 23-2

- Good good study, day day up.　（好好学习，天天向上）
- We two who and who?　（咱俩谁跟谁？）
- Give you some color see see.　（给你点颜色瞧瞧）
- watch sister　（表姐）

当然了，SCI 论文作者不会出现这种常识性错误。

2）汉语直译（示例 23-3 至示例 23-5）

示例 23-3

- “东施效颦”，把原文按照字面意思直译过来就成为 Doingshi imitates Xishi。这句话恐怕只有中国人能够理解。要想让外国人明白这个中国成语，就要对译文进行解释性加工了，改为“The ugly imitates the beautiful in such a distorted way that the ugliness of the ugly becomes worse”更恰当。
- “情人眼里出西施”不是“Xishi is in the eye of the beholder”，而是“Beauty is in the eye of the beholder”。

示例 23-4　非英语习惯性表达

ChinaEnglish 是指中国特有的东西，是允许存在的。例如，20 世纪 30 年代逐字翻译的中文“Long time no see”（很久不见）已经进入英语的标准词组。在变成英语新词的中式英语中很多是中国独有的词汇和概念，如儒家思想（Confucianism）、四书（FourBooks）、五经（FiveClassics）、知识经济（knowledge economy）、和平崛起（peacefulrising）等。因为海外对中国关注的持续升温，这些具有中国特色的词汇不断出现在海外各种媒体上，成为固定表达 。

其他的具有中国特色的词汇见示例 23-5。

示例 23-5

按资排辈	to assign priority according to seniority
摆脱贫困	shake off poverty; lift oneself from poverty
半拉子工程	uncompleted project
班门弄斧	teach one’s grandma to suck eggs
逼上梁山	be driven to drastic alternatives
边远贫困地区	outlying poverty-stricken areas
不正之风	bad (harmful) practice; unhealthy tendency
拆东墙补西墙	rob Peter to pay Paul

独生子女	the only child in one's family
反腐倡廉	combat corruption and build a clean government
户口簿	residence booklet

总而言之，确保语言准确是作者的责任，而不是出版商的义务。蹩脚的英文表达会让编辑和审稿人员难以理解你的文章，从而增加退稿风险。在 SCI 论文写作时，要注意英语表达的中西方文化差异。除此之外，还要注意以下几个方面。

1. SCI 论文写作的时态

中文没有时态问题，英文有，而且要求还相当严格。虽然中西方语言差异是中国科技工作者发表 SCI 论文的一个很大障碍。但是英文时态运用并不是中国学者写作 SCI 论文的主要问题，因为，中国英语教学的特点之一是非常注重语法问题，包括时态运用。

SCI 论文写作时态的运用容易掌握。其原则是：

（1）描述作者自己的工作时通常使用过去时，如在“Material and Method”和“Result”部分。但是用现在时态叙述作者结论。

（2）描述他人的工作时通常使用现在时或现在完成时，包括“Introduction”中的文献回顾和“Discussion”中的大部分（注：“Discussion”中用过去时描述他人的工作不能算错）。

下列情况例外：

· 如果你怀疑他人的工作是否正确时，通常使用过去时。

· 作者作为主语时，通常使用过去时（示例 23-6）。

示例 23-6

Greenberg showed that streptomycin inhibits *S. nocolor*.

· 表格或图作为主语时，通常使用现在时（示例 23-7）。

示例 23-7

Table 2 shows the percent of districts in Oklahoma that have individuals identified as filling particular primary positions.

· 描述计算和统计结果时用现在时叙述。即使该事件发生在过去，也应该用现在时（示例23-8）。

示例23-8

These values are significantly greater than those of the females of the same age, indicating that the males grew more rapidly.

2. SCI论文中最容易出现的用词

当初在中国读中学时，英文老师就能把许多英语单词和词组的词义讲得非常详细。因此，英语单词、词组和语法的理解对中国青年学者或学生来说游刃有余，这里就不再赘述。本节主要探讨SCI论文中容易忽略的几类用词问题。

1）动词(verb)、动名词(gerund)和现在分词(present participle)

现在分词和动名词一样，都是在动词尾加上ing构成；而过去分词(past participle)则是在动词尾加上ed、en、d、t构成。现在分词为形容词（adjective），而动名词为名词。虽然容易区分，但有时候也可能混淆(示例23-9)。

示例23-9

"After reviewing the X-rays, the patient had a transplant." 其中"reviewing"是一个形容词，特指patient。一般来说患者(patient)不大可能查看自己的X光片。"Reviewing the X-rays before the heart transplant was a waste of time." 在此reviewing为名词，也使用不当。应该改为"After the surgeon had reviewed the X-rays, the patient had a transplant."和"It was a waste of time to review the X-rays before the heart transplant."

一般来说，可用动词的情况应尽量避免用动词的名词形式；能用名词做定语的不要用动名词做定语，能用形容词做定语的不要用名词做定语（示例23-10）。

示例23-10

"measuring ion concentration" 应改为 "measurement concentration", "experiment results" 应改为 "experimental results"。

有些动词既是及物动词也是不及物动词，应该优先用不及物动词造句，而不要用及物动词的被动语态成句。

2）不定冠词（the indefinite article）和定冠词（the definite article）

冠词是虚词，本身不能单独使用，也没有词义，它用在名词的前面，帮助指明名词的含义。不定冠词 a（an）与数词 one 同源，是“一个”的意思。a 用于辅音音素前，而 an 则用于元音音素前。定冠词 the 与指示代词 this、that 同源，有“那（这）个”的意思，可以和一个名词连用，来表示某个或某些特定的人或东西。英语中的定冠词用法复杂，词义众多，而且汉语中没有定冠词的概念，因此在使用时应注意多方面问题。定冠词用法常见下列情况。

- 特指双方都明白或上文提到过的人或事。
- 指世上独一无二的事物 。
- 用在单数名词前面，以代表同类的人或物。但当涉及 man 和 woman 这两个名词时，一般不必用“the”。
- 用在序数词和形容词最高级，以及形容词 only、very、same 等前。
- 与复数名词连用，指整个群体 。
- 表示所有，相当于物主代词，用在表示身体部位的名词前。
- 用在某些由普通名词构成的国家名称、机关团体等专有名词前。
- 用在数字前面。
- 用在姓氏的复数名词之前，表示一家人。
- 用在惯用语中。

有些情况必须省略冠词。

- 表示不特指的、较抽象的概念时可不加。
- 目录、标题中通常省略冠词。
- 图、表的题目中有时可省略冠词。
- 化学药品、化学物质前通常不加冠词。
- 图中的横、纵坐标的名称前不加冠词。

3）代词（pronoun）

代词是用来代替名词的词。在 SCI 论文中，最常用代词是“this”。要注意代词“this”的用法。一般来说，提倡在“this”后面必须接名词，这样“this”所指的对象就会更加清楚（示例 23-11）。

示例 23-11

This problem was resolved in update 887742 for Windows XP.

4）副词（adverb）

一般来说，许多副词应该在动词词组之内而不是在最初或最后的位置。在非正式英语中，副词常位于句子开始或结尾的句子（示例 23-12）。

示例 23-12

[非正式]　Then the solution was replaced.

[正式]　The solution was then replaced.

但有时也不一定。例如，“Because the tube and the film are always centered exactly，positioning the patient becomes very simple. More importantly，also routine radiographic views are repeatable.”句子中的 always 和 exactly 的位置都正确，但是 also 应该移位，表达为“are also repeatable”。除此之外，More importantly 应改为 More important 更恰当。

5）介词（preposition）

介词是用来表示一个事物与另一个事物之间关系的虚词，它不单独使用，而常和后面的名词或代词构成介词短语。介词提示地方（where）、时间（since，when）和人（who，whose）时应准确使用（示例 23-13）。

示例 23-13

[不推荐]　Since all tumours are visible at bronchoscopy, this is the investigation of choice.

[推荐]　As all tumours are visible at bronchoscopy, this is the investigation of choice.

6）名词的单、复数和主、谓语的人称

要注意名词的单、复数和主、谓语的人称配合（示例 23-14）。

示例 23-14

[误]　The new group of drugs were associated with many adverse reactions.

[正]　The new group of drugs was associated with many adverse reactions.

7）名词修饰（modifier of noun）

避免使用长系列形容词或名词来修饰名词（示例 23-15）。

示例 23-15

［推荐］ a modified test of cognitive function

［不推荐］ a modified cognitive-function

8）俚语、口语和外来语

不使用俚语、口语、外来语作为正式表达（示例 23-16）。

示例 23-16

［非正式］ Retirement is something most of us must face sooner or later.

［正式地］ Retirement is inevitable.

9）论文中的用词应该比较正式

不要使用词的简略形式，如"don't"、"can't" 和 "won't"，应该写全称 "do not"、"can not" 和 "will not"。句中也要避免使用"and so forth"、"and so on"等。

10）数字

如果数字位于句首，应该用英文的完整表达，不用阿拉伯数字（示例 23-17）。

示例 23-17

［不推荐］ 30 patients were performed operation.

［推荐］ Thirty patients were performed operation.

11）英语用词原则

- 用熟悉的文字优于牵强的文字。
- 用具体的文字优于抽象的文字。
- 用单一的文字优于遁辞的文字。
- 用短的文字优于长的文字。
- 用纯朴无华的文字优于多姿多态的文学性描述文字。

3. 英文标点符号

拼写和标点符号（punctuation）是语言准确性的一个方面。因此，要想提高SCI论文的写作水平，不仅要重视词汇和句子的表达，还要重视标点符号的正确使用。中文和英文的标点符号用法有许多不同，具体表现在以下几个方面。

1）中文特有标点符号

- 顿号（、）：顿号在汉语中起分割句子中并列成分的作用；英语中没有顿号，分割句中的并列成分多用逗号。
- 书名号（《》）：英文没有书名号，书名、期刊名用斜体或下划线等表示。
- 间隔号（·）：汉语有间隔号，但是英语中没有汉语的间隔号，需要间隔时多用逗点（,）。
- 着重号：有时汉语用在文字下点实心圆点表示需要强调的词语，这些实心点就是着重号。而英语中没有这一符号，需强调某些成分时可借助文字斜体、黑体字和下划线等多种方法。

2）英文特有的标点符号

- 斜线号（forward slash）（/）：主要功能是分隔作用。
- 撇号(apostrophe)(’)：构成名词所有格；表示词、字母、数码等的复数形式，以及一个或几个字母和数字的省略。例如，I’ve got it.
- 连字号(hyphen)(-)：主要用于某些前缀(如self-、ex-和all-)构成复合词。

3）汉英共有但形式不同的标点符号

- 中文的句号(period)是“圆圈”(。)，而在英语中是个实点(.)。
- 英文句中的省略号（ell ipsis）是三个点(...)，如果省略号在句末加上句号则是四个点（ ....），位置都在行底；中文的省略号为6个点（……），居于行中。
- 英文的破折号（dash）是（—），而中文的是（——）。

4. SCI论文中句子和段落的上下连贯与逻辑

初学者写SCI论文最常见的问题是论文的句子连贯与逻辑和整体逻辑不清楚。

（1）SCI论文中句子的连贯与逻辑：从语言内部来说，语句或段落都是一些意义相关的句子通过一定的承接手段合乎逻辑地组织起来的语义整体。如果一组意义相关的句子不通过一定的转折词或连接词合乎逻辑地联系起来，这组句子就难以构成篇章。连接词是指在论文中用来说明上下句或前后句两个意思之间关系的词或词组。连接词通常用于开篇，引出扩展句；也可用于句中，尤其是用于较长的复杂句子中，以作为上下文的连接纽带；还可以用于文末或段末，用于总结上文或结束本段内容。有了适当的转折词和连接词能使句与句之间脉络清晰、条理自然，帮助读者理解论文的思路。常见的转折词和连接词可以用来表示：

➢ 平行或递进关系。

- and
- as well (as)
- at the same time
- besides
- both ... and ...
- furthermore
- also
- in addition (to)
- likewise
- moreover
- similarly
- still

➢ 表示转折关系。

- although
- but
- howcvcr
- nevertheless
- on thc contrary
- otherwise
- to the opposite
- while
- yet

➢ 表示目的或因果关系。

- as
- as a result
- because (of)
- consequently
- due to
- for
- now that
- since
- so
- so ... that ...
- such ... that ...
- therefore
- thus

➢ 表示列举关系。

- for example
- for instance
- for one thing
- for another
- such as

➢ 表示层次、顺序关系。

- first, second, third, last
- firstly, secondly, thirdly, finally（不推荐）
- the first, the second, the third, the last
- in the first place, in the second place, in the third place, lastly
- to begin with, then, furthermore, finally
- to start with, next, in addition, finally
- first and foremost, besides, last but not least
- most important of all, moreover, finally
- on the one hand, on the other hand（适用于两点的情况）
- for one thing, for another thing（适用于两点的情况）

➢ 表示解释说明关系。

- in other words
- that is

➢ 表示归纳、总结。

- as a result
- briefly
- in a word
- in brief
- in short
- on the whole
- to sum up
- in summary
- collectively
- taken together

正确搭配转折词和连接词能使句子连贯、逻辑性强（示例23-18）。

示例23-18　用转折词和连接词书写Discussion的范例

We show here that protein X similarly has role in——, demonstrating the function of protein X as an —— . In addition, the fact that cell formation could be inhibited by protein X further proves the requirement of protein X in cell proliferation. Moreover, when protein X is over-expressed…, cell.... Furhtermore….

递进关系，观点逐层叙述

Interestingly, our present data show that protein X synergize maximally within a narrow concentration range, in a manner similar to that Dr. AA described in the ——(Ref). It is therefore possible that the range of effective protein X concentrations determines the ——. In contrast to our results, previous studies (Ref) showed that protein X is not sufficient to stimulate cell proliferation. This difference might relate to the method used; it is possible that…(Ref).

观点对立　观点相近　因果

The finding that protein X is detected in the stem cells supports the idea that this protein X contributes to the —— . However, since we have not yet been able to detect expression of protein X in isolated single cells, it remains unclear which cells are the signaling cells.

原因　引导不足

（2）SCI 论文中段落布局的整体逻辑：经常我们要叙述一个问题的几个方面。这种情况下，一定要注意段落之间的逻辑结构。把你的想法按照逻辑顺序组织，或至少应按秩序排列，将各段落有机地整理在一起（示例 23-19）。

示例 23-19　用连接词书写 Results 的范例

To investigate whether X could have a role in SVZ neurogenesis in the adult brain, we first analyzed the expression of the X ....

We next tested the effects of X on the formation of neurons in SVZ cells plated onto astrocyte monolayers in a defined, serum-free medium ....

To explore the role of X on SVZ cells, we then plated dissociated postnatal day 5 SVZ cells on a quiescent astrocytic monolayer in the absence of exogenous growth factors ....

Finally, to determine if any neurogenic effects of X after brain injury,we generated ....

除此之外，还要注意句子之间的连贯与逻辑（示例23-20）。

示例 23-20

"The present paper reports an association between polymorphisms of the VDR gene and bone mass. Bone mass was measured by DEXA densitometry ...,"第一个句作者陈述他们的目的,然后描述了测量方法。表达不连贯。该段可写成:"The association between polymorphisms of the VDR gene and bone mass is unclear. The present study was designed to assess the magnitude and direction of this association. Bone mass was measured by DEXA densitometry ..."则更理想。

总而言之，用好转折词和连接词能使句子连贯并具有逻辑性，文章层次清楚、意思明确。

第 24 章

SCI 论文的写作原则

1. SCI 论文写作语言表达的总体原则

（1）正确（correctness）：选择正确的词或词组。

（2）清楚（clarity）：科学论文的写作完全不同于文艺作品，要求精确、清楚和毫不含糊（示例 24-1）。

示例 24-1　避免俗语和难懂的话

- As already state
- It has been found that
- It has long been known that
- It is interesting to note that
- It is worth mentioning at this point
- It may be said that
- It was demonstrated that

（3）简洁（concision）：文字要简要，删繁从简（示例 24-2）。要用简洁、短句子来表达（示例 24-3）。去掉多余的词（示例 24-4）。

示例 24-2

"There is ample evidence indicating that smoking is a risk factor for cancer" 应该简化为 "Smoking is a risk factor for cancer"。

示例 24-3

- a majority of＝most
- at the present time＝now
- give rise to＝cause
- in some cases＝sometimes
- is defined as＝is
- it is believed that＝I think
- on the basis of＝by
- pooled together＝pooled
- subsequent to＝after
- with the result that＝so that

示例 24-4

[未修改] We plan additional studies in the future in order to confirm previous experiments where replicate determinations consistently showed the pool sizes to essentially increase.

[修改后] We plan studies to confirm experiments where replicate determinations showed an increase in pool size.

[再修改] We plan to confirm the experiments showing an increase in pool size.

(4) 完整性和逻辑性（completion and logic)。写论文就像讲故事，不仅要注意句子完整，论述的“故事”也要完整（示例 24-5)。特别要注意有逻辑地表达“故事”。

示例 24-5

[不完整] The yield was higher using bromine.

[完整] The yield was higher using bromine than chlorine.

(5) 一致性（consistency)。

2. 提高论文写作能力的途径

(1) 多读。学习任何语言都需要大量阅读。学习英语也需要大量阅读。如果要撰写高水平论文，其关键是读很多文献。这个道理虽然简单，但不少学者却未必完全明白。时下，很多人都热衷于做试题，以为这是学习英语的正确途径。结果做的练习册一本又一本，试题集一套又一套，做得头昏眼花，兴趣全无，英语水平却没有实质性提高。在阅读时，要用英语思考，不必把英文翻译成中文，否则将大大地降低阅读速度，从而影响对阅读材料的全面理解。建议认真地研读影响因子高的国外文献，最好影响因子大于 5 以上。许多科技人员不善于表达自己的科研成果，主要是对本领域的知识掌握得比较少。要特别重视论文表达，宣传自己（sell yourself）。要说明论文的重要性，就需要多读文献。

（2）多写。由于 SCI 论文的写作文体不同于其他文章的写作，更不同于文艺写作，它在写作格式、表述方式和要求上都有自己的特点。

（3）多改。初稿完成之后，要按照 SCI 论文的写作要求反复修改。

➢ 框架方面的反复修改。做到精雕细琢、精彩合理。包括：

· 论文主题、论据和论证方法是否科学。

· 对文章的结构、语言要仔细推敲，多余的内容果断剔除。

➢ 内容方面的修改与校核：

· 内容的增补、删除和调整。

· 提炼。使文章达到文字简练，用词准确，内容精练。

· 校核。对原始数据、运算过程和最后结果都要进行认真的校核，尤其是对数学式的推导要认真审核，看其是否存在错误。

➢ 形式方面的修改：

· 论文格式是否符合 SCI 期刊规定的写作格式。

· 用字是否正确。

· 计量单位是否符合法定计量单位。

· 标点符号及各种人工语言符号的使用与书写是否正确、清楚。

3. 写 SCI 论文，还要考虑以下几点

（1）在写 SCI 论文之前，应该检查是否别人已经写了类似文章。

（2）思路的创新性。

（3）论文的内容要真实、正确。这一点是很重要的，不弄虚作假是良好的科学道德。

（4）为使文章清楚，第一次提出概念时，要以括弧给出较详细解释。

（5）论文的写法一定要突出重点。

（6）优化英语。

第 25 章

其他注意事项

1. SCI 论文打印

打印文章时，要使用 2 倍行距（不用单倍或 1.5 倍）。冒号和句末的句号后要空一格。要留出足够的页边空间（通常，在文章两侧、页首和页尾留出 1.25 英寸的空间）。

2. SCI 论文字体、字号

标题：Arial 12 号黑体 或 Times 14 号黑体。

正文：Arial 11 号、Times 12 号或 Times New Roman 12 号。

3. 计量单位

一律用国际（法定计量）单位规定的统一符号表示。对废止的计量单位，请换算成法定计量单位（示例 25-1）。

示例 25-1

长度为 m、cm、mm；

面积为 m^2、cm^2、km^2……；

重量为 g、kg、t；

流量为 m^3/s；

流速为 m/s；

时间为 h（hr）、min（m）、s（sec）等。

4. 离心

当离心（centrifugation）条件对重复实验至关重要时，应详细写明离心条件，包括离心时间（忽略初期加速和减速时间）和温度。应当用倍数的 g（$9.81 m \cdot s^{-2}$）说明离心场，而不是 $r \cdot min^{-1}$（示例 25-2）。

示例 25-2

The rotor was operated for 15 min at 2℃ and 10 000 *g*.

5. 生化命名

应该尽可能地遵循国际生物化学与分子生物学联合会（the International Union of Biochemistry and Molecular Biology，IUBMB）命名委员会和 IUPAC-IUBMB（The International Union of Pure and Applied Chemistry，IUPAC）生物化学的命名联合委员会的推荐。详见 http://www.chem.qmul.ac.uk/iubmb 和 IUPAC-IUBMB Joint Commission on Biochemical Nomenclature（JCBN）and Nomenclature Committee of IUBMB（NC-IUBMB）（*Eur J Biochem*，1999，264：607-609）。

6. 化学命名

化学命名（chemical nomenclature）应该遵循 IUPAC 建议的化工命名原则。详见 http://www.chem.qmul.ac.uk /iupac/index.html。

C_{20} acid 用于表示酸含有 20 个碳原子。C-3 或 $C_{(3)}$ 表示第 3 位碳原子。$C_{18:0}$、$C_{18:1}$ 等表示不饱和脂肪酸双键的数量。

7. 离子

离子（ion）的表达：Na^{+}、Zn^{2+}、Cl^{-}、PO_4^{3-}。

8. 酶

- 酶命名（enzyme nomenclature）应该尽可能地遵循最新版的 *Enzyme Nomenclature*（1992，San Diego：Academic Press）。参见

http://www.chem.qmul.ac.uk/iubmb/enzyme 新的 restriction enzymes、DNA、methyltransterases、homing endonucleases 和相应 genes 命名参见 Roberts 等（2003）的 *Nucleic Acids Research*（31:1805-1812）文章。

➢ 酶单位（enzyme unit）应该在论文中阐明。酶单位的常见表示方法如下所述。①国际单位：1961 年国际生化学会（International Union of Biochemistry，IUB）酶学委员会建议使用统一国际单位（IU），规定一个 IU 为在实验规定条件下，每分钟催化 1mol 底物浓度变化所需酶量。②kaltal 单位：此单位是 1972 年酶学委员会提出的。实际上这才是由国际单位组成的真正意义上的酶 IU。其是指，在最适反应条件下每秒催化 1mol 底物浓度变化所需酶量。

SCI 期刊 *The Biochemical Journal* 的投稿者指南详细描述了国际单位规定的统一符号、命名原则、样式和规定（nomenclature，style and convention），不再一一详述。详细内容请见该期刊的网站（http://www.biochemj.org/bj/bji2a.htm）。

参考文献

迟玉华. 1998. 科学引文的意义与期刊生产者的职责. 烟台师范学院学报,2:142.
李海靖,滕毅,赵红钰,等. 1999. 利用《科学引文索引》进行科研成果评价. 情报理论与实践,5:359.
王丽萍,邓丽洁. 2000. 医学影像学论文中图表的设计. 中国临床医学影像杂志,3:303-304.
徐佳宁. 1998. SCI——科研成果评估的重要标准. 徐州师范大学学报,1:67.
杨恩浩. 1998. 美国 ISI 科学引文索引体系评介. 暨南大学学报,1:164.
叶新明. 1998. 引文中伪引和漏引的机制分析. 中国图书馆学报,1:72.
袁培国. 1998. 引文在评价研究工作上的作用和引文分析中应注意的问题. 中国图书馆学报,1:75.
张贤澳. 1998. 引文分析中值得注意的几个问题. 图书情报工作,3:19.
Alley M. 1996. The Craft of Scientific Writing. 3rd edition. Prentice Hall,NJ:Springer Press.
Brodman E. 1960. Choosing physiology journals. Bulletin of the Medical Library Association,32:479.
Day R. 1995. Scientific English: A Guide for Scientists and Other Professionals. 2nd edition. Phoenix:Orynx Press.
Day R. 1998. How to Write and Publish a Scientific Paper. 5th edition. Phoenix:Orynx Press.
Garfield E. 1955. Citation indexes to science: a new dimension in documentation through association of ideas. Science,122(3159):108-111.
Garfield E. 1970. Citation indexing for studying science. Nature,227:669-671.
Garfield E. 1977. Introducing citation classics: the human side of scientific reports. Current Contents,3:6-7.

Garfield E. 1982. A tribute to Carl Djerassi: Reflections on a remarkable scientific entrepreneur. Current Contents, 42: 5-14.

Garfield E. 1986. Which medical journals have the greatest impact. Annals of Internal Medicine, 105(2): 313-320.

Garfield E. 1972. Citation analysis as a tool in journal evaluation. Science, 178: 471-479.

Garfield E. 1998. Long-term vs. short-term journal impact: Does it matter. The Scientist, 12(3): 10-12.

Garfield E. 1972. Citation analysis as a tool in journal evaluation. Science, 178(4060): 471-479.

Goben G, Swan J. 1990. The science of scientific writing. Am Scientist, 78: 550-558.

Greenwood D C. 2007. Reliability of journal impact factor rankings. BMC Med Res Methodol, 7(1): 48.

Gross P L K, Gross E M. 1927. College libraries and chemical education. Science, 66: 385-389.

Hansen H B, Henriksen J H. 1997. How well does journal "impact" work in the assessment of papers on clinical physiology and nuclear medicine. Clinical Physiology, 17(4): 409-418.

Hoeffel C. 1998. Journal impact factors. Allergy, 53(12): 1225.

Kresge N, Simoni R D, Hill R L. 2005. The most highly cited paper in publishing history: Protein determination by Oliver H. Lowry. Journal of Biological Chemistry, 280(28): e25.

Lock S P. 1989. Journalology: Are the quotes needed. CBE Views, 12(4): 57-59.

McMillan V. 1988. Writing Papers in the Biological Sciences. New York: Bedford Books.

Opthof T. 1999. Submission, acceptance rate, rapid review system and impact factor. Cardiovascular Research, 41(1): 1-4.

Order I N. 1996. An Editor's Guide to Successful Publishing. Perth: ECU Press.

Pudovkin A I, Garfield E. 2002. Algorithmic procedure for finding semantically related journals. Journal of the American Society for Information Science and Technology (JASIST), 53(13): 1113-1119.

Pudovkin A I, Garfield E. 2004. Rank-normalized impact factor: a way to compare journal performance across subject categories. Proceedings of the 67th Annual Meeting of the American Society for Information Science & Technology, 41: 507-515.

Sterken C. 2006. Advice on writing a scientific paper. ASP Conference Series, 349: 445-467.

Structure S P, Syntax I, Flow W L. 1994. Writing Clearly. *In*: Fastidius U R, Hasty N O T. Lectures in Queen's English. Perth: Sorrento Press.

Strunk W, White E B. 1979. The Elements of Style. 3rd edition. New York: MacMillian Publishing Co.

Yu G, Wang X Y, Yu D R. 2005. The influence of publication delays on impact factors. Scientometrics, 64(2): 235-246.

附录 1

常用检索名称

abbreviated journal title	刊名缩写
articles	文章总数
bibliography	参考文献
citations	引文
cited half life	被引半衰期
citing journal data	引用期刊数据
cited journal data	被引期刊数据
current rank	期刊最新排序
full record display	完整记录页面
home page	主页
ISSN	国际标准刊号
journal cited half life+graph	期刊被引半衰期与图解
journal citing half life+graph	期刊引用半衰期与图解
journal immediacy index	期刊立即指数
journal impact factor	期刊影响因子
immediacy index	立即指数
impact factor trend	影响因子趋势图
import filters	过滤器
journal source data	期刊源数据
library	个人数据库

output styles	输出样式
references	题录
related journals	相关期刊
scope notes	范围注释
summary data	摘要数据
total article	总文章数
total cites	总引用次数
view category data	类目数据
view journals & search journals	期刊浏览与检索选项
view journal summary list	期刊概要列表
view summary display	期刊概要页面

附录 2

常用检索网站

1. ISI 主页

    http://ip-science.thomsonreuters.com

2. Web of Knowledge

    http://wokinfo.com

3. Journals Citation Report

    http://thomsonreuters.com/en/products-services/scholarly-scientific-research/research-management-and-evaluation/journal-citation-reports.html

4. SCI 文献检索页面

    www.isiknowledge.com

5. EI 主页

    www.ei.org

6. Elsevier 系列期刊

    www.sciencedirect.com

    http://elsevier.lib.tsinghua.edu.cn

7. IEEE(美国电气电子工程师协会)期刊论文

    www.ieee.org/web/publications/journmag/index.html

8. IEEE 会议论文

    www.ieee.org/web/publications/confproc/index.html

9. ACM（美国计算机协会）论文

http://www.acm.org/publications

10. ASME(美国机械工程师协会)期刊论文

www.asme.org/shop/journals

11. NIH(美国全国卫生研究所)

www.nih.gov

12. 医学索引

www.pubmed.gov

13. kluwer

http://kluwer.calis.edu.cn

14. springer

http://www.springer.com

15. 中国科技论文在线

http://www.paper.edu.cn

16. 中国科学院研究所图书馆收藏

http://www.las.ac.cn/subpage/subframe_detail.jsp?SubFrameID=1003

附录 3

常用字的正确表达

劣	优	劣	优
Absolutely	yes	Endeavour	try
Accomplish	do	Excepting	expect
Adequate	enough	Fabricate	build
Additional	extra	Firstly	first
Anticipate	expect	Forward	send
Application	use	Guidelines	guidance
Approximately	about	Human	people
Assistance	help	Hypothesis	suggest
Commence	begin	Importantly	important
Concerning	about	Indication	sign
Consequently	so	Individual	person
Considerable	much	Individuals	people
Currently	now	Initate	start
Demonstrate	show	Manufacture	make
Discontinue	stop	Modification	change
Donate	give	Permit	let
Encounter	meet	Possess	have

续表

劣	优	劣	优
Practically	nearly	Sufficient	enough
Presently	soon	Terminate	end
Proceed	go	Transpire	happen
Regarding	about	Upon	on
Represents	is	Utilize	use
Streamlined	shortened	Virtually	almost
Subsequently	later	Within	in

资料来源：Robert Barrass，1995

附录 4

常用缩写和符号

常用生物化学名称缩写

缩写	全名
ADP(CDP, GDP, IDP, UDP, XDP, dTDP)	adenosine 5′-diphosphate(and similarly for cytidine, guanosine, inosine, uridine, xanthosine, thymidine)
AIDS	acquired immunodeficiency syndrome
AMP etc.	adenosine 5′-phosphate etc.
ATP etc.	adenosine 5′-triphosphate etc.
ATPase etc.	adenosine 5′-triphosphatase etc.
bp	base-pair(s)
BSA	bovine serum albumin
cAMP etc.	cyclic AMP(adenosine 3′, 5′-cyclic monophosphate) etc.
CD	circular dichroism
CHAPS	3-[(3-cholamidopropyl)dimethylammonio]propane-1-sulfonic acid
CM-cellulose	carboxymethylcellulose
CoA and acyl-CoA	coenzyme A and its acyl derivatives
COSY	correlation spectroscopy
dansyl	5-dimethylaminonaphthalene-1-sulfonyl
DEAE-cellulose	diethylaminoethylcellulose

续表

缩写	全名
DMSO	dimethyl sulfoxide
DNA，cDNA	deoxyribonucleic acid，complementary DNA
DNase	deoxyribonuclease
EC_{50}	concentration giving half-maximal response
EDTA	ethylenediaminetetra-acetate
EGTA	[ethylenebis(oxonitrilo)]tetra-acetate
EPR，ESR	electron paramagnetic(or spin) resonance
ELISA	enzyme-linked immunosorbent assay
EXAFS	extended X-ray absorption fine structure
FACS	fluorescence-activated cell sorting
FAD	flavin-adenine dinucleotide
FITC	fluorescein isothiocyanate
FMN	flavin mononucleotide
FPLC	fast protein liquid chromatography
GLC	gas-liquid chromatography
G-protein	guanine-nucleotide-binding regulatory protein
GSH，GSSG	reduced and oxidized glutathione
Hb	haemoglobin
HIV	human immunodeficiency virus
HLA	histocompatibility locus antigen
HPLC	high-performance liquid chromatography
IC_{50}	concentration giving half-maximal inhibition
IgG etc.	immunoglobulin G etc.
IR	infrared
Kb	kilobases
MHC	major histocompatibility complex
MS	mass spectrometry
NAD^+，NADH	oxidized and reduced nicotinamide-adenine dinucleotide
$NADP^+$，NADPH	oxidized and reduced nicotinamide-adenine dinucleotide phosphate
NMN	nicotinamide mononucleotide

续表

缩写	全名
NMR	nuclear magnetic resonance
NOESY	nuclear Overhauser enhancement spectroscopy
Nt	nucleotide(s)
ORD	optical rotatory dispersion
PAGE	polyacrylamide-gel electrophoresis
PBS	phosphate-buffered saline
PCR	polymerase chain reaction
P_i，PP_i	orthophosphate，pyrophosphate
PMA	phorbol 12-myristate 13-acetate
PMSF	phenylmethanesulfonyl fluoride
PVDF	poly（vinylidene difluoride）
RIA	radioimmunoassay
RNA，mRNA，nRNA，rRNA，tRNA	ribonucleic acid，messenger RNA，nuclear RNA，ribosomal RNA，transfer RNA
RNase	ribonuclease
SDS	sodium dodecyl sulfate
TLC	thin-layer chromatography
TOCSY	total correlation spectroscopy
TPA	use PMA

物理参量和单位的缩写

物理参量	单位名称	缩写	单位定义
Activity（of radioactive source）	becquerel	Bq	s^{-1}
Amount of substance	mole*	mol	
Dose absorbed（of radiation）	gray	Gy	$J \cdot kg^{-1}$
Electric capacitance	farad	F	$A \cdot s \cdot V^{-1}$
Electric charge	coulomb	C	$s \cdot A$
Electric conductance	siemens	S	$A \cdot V^{-1}$
Electric current	ampere*	A	
Electric potential difference	volt	V	$J \cdot A^{-1} \cdot s^{-1}$

续表

物理参量	单位名称	缩写	单位定义
Electric resistance	ohm	Ω	V • A^{-1}
Energy	joule	J	m^2 • kg • s^{-2}
Force	newton	N	J • m^{-1}
Frequency	hertz	Hz	s^{-1}
Illuminance	lux	lx	m^{-2} • cd • sr
Length	metre *	m	
	ångström **	Å	10^{-10} m
Luminous flux	lumen	lm	cd • sr
Luminous intensity	candela *	cd	
Magnetic flux	weber	Wb	V • s
Magnetic flux density	tesla	T	V • s • m^{-2}
Mass	kilogram *	kg	
Plane angle	radian	rad	
Power	watt	W	J • s^{-1}
Pressure	pascal	Pa	N • m^{-2}
	bar **	bar	10^5 Pa
Solid angle	steradian	sr	
Temperature (Celsius)	degree Celsius	℃	℃=K ***
Temperature	kelvin *	K	
Time	second *	s	
Volume	litre (cubic decimetre)	l (dm^3)	10^{3} m^3

* SI 基本单位。

** 这些单位不属于国际单位系统，但是如果明确地定义，则可能使用。

*** 摄氏温度 $t=T-T_0$，其中 T 是热力温度，$T_0=273.15$ K。

常用缓冲液缩写

缩写	化学名
Aces	2-[(2-amino-2-oxoethyl)amino]ethanesulfonic acid
Ada	[(carbamoylmethyl)amino]diacetic acid
Bes	2-[bis-(2-hydroxyethyl)amino]ethanesulfonic acid
Bicine	*N*,*N*-bis-(2-hydroxyethyl)glycine
Bistris	2-[bis-(2-hydroxyethyl)amino]-2-(hydroxymethyl)propane-1,3-diol
Hepes	4-(2-hydroxyethyl)-1-piperazine-ethanesulfonic acid

续表

缩写	化学名
Hepps	4-(2-hydroxyethyl)-1-piperazinepropanesulfonic acid
Mes	4-morpholine-ethanesulfonic acid
Mops	4-morpholinepropanesulfonic acid
Pipes	1,4-piperazinediethanesulfonic acid
Taps	3-{[2-hydroxy-1,1-bis(hydroxymethyl)ethyl]amino}propane-1-sulfonic acid
Tes	2-{[2-hydroxy-1,1-bis(hydroxymethyl)ethyl]amino}ethanesulfonic acid
Tricine	*N*-[2-hydroxy-1,1-bis(hydroxymethyl)ethyl]glycine
Tris	2-amino-2-hydroxymethylpropane-1,3-diol

核苷酸符号缩写

G	guanine	S	G or C
A	adenine	W	A or T
T	thymine	H	A、C or T
C	cytosine	B	G、T or C
R	G or A	V	G、C or A
Y	T or C	D	G、A or T
M	A or C	N	G、A、T or C
K	G or T		

氨基酸符号缩写

Alanine	Ala	A
Arginine	Arg	R
Asparagine	Asn	N
Aspartic acid	Asp	D
Aspartic acid or asparagine (undefined)	Asx	B
Cysteine	Cys	C
Cystine (half)	Cys or Cys	—
Glutamine	Gln	Q
Glutamic acid	Glu	E
Glutamic acid or glutamine (undefined)	Glx	Z
Glycine	Gly	G
Histidine	His	H
Hydroxylysine	Hyl	—

续表

Hydroxyproline	Hyp	—
Isoleucine	Ile	I
Leucine	Leu	L
Lysine	Lys	K
Methionine	Met	M
Ornithine	Orn	—
Phenylalanine	Phe	F
Proline	Pro	P
Serine	Ser	S
Threonine	Thr	T
Tryptophan	Trp	W
Tyrosine	Tyr	Y
Unknown or other	Xaa	X
Valine	Val	V

糖符号缩写

缩写符号	糖	缩写符号	糖
Ara	Arabinose	Glc	Glucose
dRib	2-deoxyribose	Man	Mannose
Fru	Fructose	Neu	Neuraminic acid
Fuc	Fucose	Rib	Ribose
Gal	Galactose	Xyl	Xylose

其他认可符号

符号	含义
♂	Male
♀	Female
=	Equal
+	Positive
—	Negative
↑	Increase
↓	Decrease
Δ	Change
R	Right
L	Left
X	Times or Multiply

附录 5

常见国内基金中英文对照

国家自然科学基金委员会基金项目

国家自然科学基金

National Natural Science Foundation of China

国家自然科学基金重大项目

Major Program of National Natural Science Foundation of China

国家自然科学基金重点项目

State Key Program of National Natural Science Foundation of China

国家自然科学基金国际合作与交流项目

Projects of International Cooperation and Exchanges NSFC

国家杰出青年科学基金

National Natural Science Funds for Distinguished Young Scholar

海外及香港、澳门青年学者合作研究基金

Joint Research Fund for Overseas Chinese，Hong Kong and Macao Young Scholars

国家自然科学基金重大研究计划

Major Research plan of the National Natural Science Foundation of China

国家自然科学基金海外青年学者合作研究基金

Joint Research Fund for Overseas Natural Science of China

国家自然科学基金创新研究群体科学基金

Foundation for Innovative Research Groups of the National Natural Science Foundation of China

国家自然科学基金国家基础科学人才培养基金

National Science Foundation for Fostering Talents in Basic Research of the National Natural Science Foundation of China

国家自然科学基金联合基金项目

Joint Funds of the National Natural Science Foundation of China

国家自然科学基金专项类项目

Special Funds of the National Natural Science Foundation of China

国家自然科学基金香港、澳门青年学者合作研究基金

NationalScience Foundation for Hong Kong and Macao Yound Scholars of China

科技部基金项目

国家科技部基金

State Commission of Science Technology of China（科委）

Ministry of Science and Technology of China

国家重点基础研究发展规划项目（“973”计划项目）

National Key Basic Research Program of China（“973” Program)

国家高技术研究发展计划（“863”计划）

National High Technology Research and Development Program of China（“863” Program)

国家重大新药创制项目

National Major Scientific and Technological Special Project for “Significant New Drugs Development”

“十二五”国家科技支撑计划重点项目

Key Projects in the National Science & Technology Pillar Program during the Twelfth Five-year Plan Period

“重大新药创制”科技重大专项“十二五”计划

National Major Scientific and Technological Special Project for “Significant New Drugs Development” during the Twelfth Five-year Plan Period

国科技部“十一五”科技计划项目

The National Key Technology R & D Program
国家科技攻关计划
National Key Technologies R & D Program of China
“十一五”国家科技支撑计划（原科技攻关计划）
The National Key Technology R & D Program
国家重大科学工程二期工程基金
National Important Project on Science-Phase Ⅱ of NSRL
国家“985”重点建设项目
Key Construction Program of the National “985” Project
“九五”攻关项目
National Key Technologies R & D Program of China during the 9th Five-Year Plan Period
国家基础研究计划
National Basic Research Priorities Program of China
国家攀登计划
the National “Climbing” Program of China
国家攀登计划基础研究
the National Basic Research in “Climbing” Program of China
科技部重大基础研究前期研究专项基金
the Special Program for Key Basic Research of the Ministry of Science and Technology, China
国家国防基金
National Defense Foundation of China
国防预研究基金
National Defense Pre-Research Foundation of China
国家核科学基金
Nuclear Science Foundation of China
核工业科学基金
Science Foundation of Chinese Nuclear Industry
国家创新研究群体科学基金
Funds for Creative Research Groups of China
国家高技术项目联合基金

National High Technology Joint Research Program of China

国家高性能计算基金

National High Performance Computing Foundation of China

国家基础研究“非线性科学”基金

National Basic Research Foundation for “Nonlinear Science” of China

国家高技术研究发展计划

National High Technology Research and Development Program of China

国家重点基础研究项目特别基金

National Key Basic Research Special Foundation of China（NK-BRSFC）

国家重点基础研究专项基金

Special Foundation for State Major Basic Research Program of China

中国国防科技预研项目

Chinese Defense Advance Research Program of Science and Technology，China

政策引导类科技计划及专项基金

星火计划

China Spark Program

火炬计划

Chinatorch Program

国家重点新产品计划

The National New Products Program

国家软科学研究计划

The National Soft Science Research Program

教育部资助的基金

长江学者奖励计划

the Cheung Kong Scholars Programme of China

国家教育部科学基金

Science Foundation of Ministry of Education of China

教育部科学技术研究重点（重大）项目资助

Key（Key grant）Project of Chinese Ministry of Education

国家教育部博士点基金资助项目

Ph. D. Programs Foundation of Ministry of Education of China

高等学校博士学科点专项科研基金

Research Fund for the Doctoral Program of Higher Education of China（RFDP）

国家教育部博士点专项基金资助

Doctoral Fund of Ministry of Education of China

国家教育部回国人员科研启动基金资助

Scientific Research Foundation for Returned Scholars，Ministry of Education of China

国家教育部留学回国人员科研启动金

Scientific Research Foundation for the Returned Overseas Chinese Scholars, State Education Ministry(SRF for ROCS, SEM)

霍英东教育基金会青年教师基金资助

the Fok Ying-Tong Education Foundation，China

跨世纪优秀人才计划 国家教委《跨世纪优秀人才计划》基金

Trans-Century Training Programme Foundation for the Talents by the State Education Commission

国家教育部优秀青年教师资助计划

Excellent Young Teachers Program of MOE

高等学校骨干教师资助计划

Foundation for University Key Teacher by the Ministry of Education of China

中央高校基本科研业务费专项资金资助

Fundamental Research Funds for the Central Universities

海峡两岸自然科学基金共同资助

Science Foundation of Two sides of Strait

国家教育部优秀青年教师基金资助

Science Foundation for The Excellent Youth Scholars of Ministry of Education of China

人事部基金项目

中国博士后科学基金

China Postdoctoral Science Foundation

千人计划

The Recruitment Program of Global Experts

中国科学院各类基金

中国科学院基金

Science Foundation of The Chinese Academy of Sciences

中国科学院九五重大项目

Major Subject of The Chinese Academy of Sciences

中国科学院院长特别基金

Special Foundation of President of The Chinese Academy of Sciences

中国科学院国际合作局重点项目

Bureau of International Cooperation，The Chinese Academy of Sciences

中国科学院百人计划经费

100 Talents Programme of The Chinese Academy of Sciences

中国科学院知识创新工程重大项目

Knowledge Innovation Project of The Chinese Academy of Sciences

中国科学院西部之光基金

West Light Foundation of The Chinese Academy of Sciences

中国科学院上海分院择优资助项目

This work was supported by a grant from Advanced Programs of Shanghai Branch，the Chinese Academy of Sciences

教育部及国家重点实验室及开放基金

教育部磁学与磁性材料重点实验室

Key Laboratory for Magnetism and Magnetic Material of the Education Ministry of China

教育部量子光学重点实验室

Key Laboratory of Quantum Optics,Ministry of Education,China

教育部留学回国人员科研启动基金

The Scientific Research Starting Foundation for Returned Overseas

Chinese Scholars, Ministry of Education, China

教育部重大项目基金

Project the Research Foundation from Ministry of Education of China

空间研究基金

Aerospace Research Foundation of China

其他省部及地方科学基金资助项目

杭州市科技计划项目

Science and Technology Program of Hangzhou, China

对外科技合作项目（国际科技项目）

International Science & Technology Cooperation Program

产业技术研究与开发资金项目

Industrial Technology Research and Development Funds

海峡两岸自然科学基金

Science Foundation of Two sides of Strait

浙江省自然科学基金

National Natural Science Foundation of Zhejiang, China

北京市自然科学基金

Beijing Municipal Natural Science Foundation

上海市科技启明星计划

Shanghai Science and Technology Development Funds

浙江省教育厅重点项目

Educational Commission of Zhejiang Province of China

河南省杰出青年基金（9911）

Excellent Youth Foundation of He'nan Scientific Committee

浙江省教育厅基金

Foundation of Zhejinag Educational Committee

山西省青年科学基金

Shanxi Province Science Foundation for Youths

浙江省归国人员基金

Zhejiang Province Foundation for Returness